JOHANN WANNER

JOHANN WANNERS
wunderbare Weihnachtswelt

Tradition und Dekoration des Christbaums

Johann Wanner

Johann Wanners
wunderbare Weihnachtswelt

Tradition und Dekoration des Christbaums

Unter Mitarbeit von Birgit Adam

HERDER

FREIBURG · BASEL · WIEN

staurant Spalenberg
Waldmeier
Cafe Spalenberg
JOHANN WANN
WEIHNACHTSBAUMSCHMUCKAUSSTATTUNGSGESCH

Besuchen Sie auch unsere
Weihnachtsstuben mit Café
200 m von hier, Schneidergasse 7
14

Inhalt

WIE WEIHNACHTEN MEIN LEBENSTHEMA WURDE 10
Moden und Trends 16

EINE ZEITREISE: DIE GESCHICHTE DES WEIHNACHTSBAUMS 23
Ab wann gab es den geschmückten Baum? 24
Was wurde geschmückt? 27
Was will der Baum sagen? 28
Der Christbaum im Wandel der Zeiten 30

EINE KLEINE BAUMKUNDE 39
Was steht in unseren Wohnstuben? 40
Welcher Baum darf es sein? 41
Plastikbäume – eine umweltfreundliche Alternative? 44
Wie bleibt der Baum am längsten frisch? 45
Der Christbaumständer 48
Wie lange steht der Baum? 49

WIE KAMEN DIE MENSCHEN AUF DIE KUGEL? 53
Glas – ein faszinierender Stoff 53
Glaskugeln aus Gablonz, Danzig und Thüringen 55
Deutsches Kunsthandwerk für die ganze Welt 57
Wie entsteht eine gläserne Christbaumkugel? 59

VON DER FREUDE AM SCHMÜCKEN UND SCHENKEN 65
Die hohe Kunst der Dekoration 65
Gaben und Geschenke 68

DIE SPRACHE DER KUGELN AM BAUM 73
Weihnachtsschmuck und seine Bedeutung 76
Die bekanntesten Weihnachtsschmucksymbole 77

LICHT, KERZEN UND ANDERER WEIHNACHTLICHER GLANZ 87
Lumen Christi venit 87
Aus Wachs oder aus der Steckdose? 89
Welche Kerzen passen zu welchem Baum? 91
Erst eins, dann zwei, dann drei, dann vier – der Adventskranz 92

DIE VERSCHIEDENEN BÄUME 97
Der Biedermeierbaum 97
Der klassische Weihnachtsbaum 98
Baumbotschaften 98
Bäume ganz persönlich 100
Baumklassiker 101
Stilbäume 102
Prächtige Ideen 105

DER GANZ PERSÖNLICHE WEIHNACHTSBAUM 111
Zelebrieren Sie das Schmücken 111
Wie lange braucht man, um einen Baum zu schmücken? 112
Der passende Standort 113
Wenn die Kleinen mithelfen 113
Ihr Baum – ein echtes Unikat aus der Natur 114
So schmücken Sie Ihren persönlichen Baum 116
Die Kraft der Farben 120

ANDERE LÄNDER, ANDERE BÄUME?
WEIHNACHTEN IN ANDEREN LÄNDERN 125

QUELLENNACHWEIS 128

Wie Weihnachten
mein Lebensthema wurde

Mit 23 Jahren habe ich aufgehört zu arbeiten. Wie kommt es, dass ich trotzdem eine Sechzig- oder Siebzig-Stunden-Woche habe? Ganz einfach: Ich habe meine Leidenschaft zum Beruf gemacht. Ich kann mich jederzeit in Weihnachtsstimmung versetzen und bin an Heiligabend als Erwachsener genauso begeistert, wie ich es als Bub war. Ich bin ein Weihnächtler. Ich mache heute nur das, was ich will. Und ich stehe hinter dem, was ich mache.

Doch wie kam es dazu, dass Weihnachten mein Lebensthema wurde? Ich wurde als ältestes von sechs Kindern in ein streng katholisches Basler Elternhaus geboren. An die Weihnachtsfeste meiner Kindheit denke ich auch heute noch gerne zurück. Die ganze Familie scharte sich um den Weihnachtsbaum und sang zusammen Weihnachtslieder. Der Vater spielte Geige, doch am allerschönsten war, wenn ich als Ältester vor der versammelten, andächtig lauschenden Familie die Weihnachtsgeschichte las, während im Ofen das Holz knisterte. Als Geschenke mussten damals oft der neue Anstrich eines Spielzeugautos genügen oder eine neue Haut für den Teddybären. Doch welch eine Freude, welch ein Luxus war das für uns! Sonst lagen doch meistens nur einfache und nützliche Gaben unter dem Weihnachtsbaum, etwa Mützen, Handschuhe oder Socken. Die feierliche Stimmung und das Beisammensein waren bei uns immer wichtiger als teure Geschenke. Warme Stubigkeit nenne ich diese Atmosphäre. Ich habe sie als Kind geliebt und liebe sie noch heute. Und noch eine andere Szene hat sich mir eingeprägt: Mein Vater hat mich einmal gefragt, was ich mir denn vom Christkind wünschte: „Einen ganz, ganz schönen Weihnachtsbaum!“ – ich musste gar nicht lange überlegen.

Mein Vater war Buchbinder, und von ihm habe ich die Freude am Schönen und Echten wie auch die Abneigung gegen das Künstliche, Unehrliche geerbt. Zunächst wollte ich Musiker werden, doch dann lernte ich Kaufmann,

Mit 23 habe ich aufgehört zu arbeiten.

In dieser Zeit machte ich meine Leidenschaft zum Beruf:

Weihnachten.

beschäftigte mich mit Sprachen und Kunstgeschichte. Mit 23 Jahren packte mich dann das Reisefieber, ich kratzte all mein Erspartes zusammen und tourte in der 2-CV-Ente zwei Jahre lang durch die Welt. Ein Jahr verbrachte ich im Orient, lebte bei den Beduinen und beschäftigte mich mit arabischer und altägyptischer Kunst. Und ich lernte Arabisch, Türkisch, Italienisch, Französisch und Englisch. Schon damals war ich Weihnachtsbräuchen verfallen und bastelte mir im Schatten der Pyramiden von Sakkara ein Weihnachtsbäumchen.

Wieder zurück in Basel eröffnete ich ein Antiquitätengeschäft, Bereits damals war Weihnachten eines meiner Lieblingsthemen. Als ich in den Sechzigerjahren in die Weihnachtsbranche einstieg, war gerade der skandinavische Stil modern. Den Baum zierten Strohsterne, Transparentkugeln, rote Äpfelchen und Kerzen aus Bienenwachs. Den handgemachten Weihnachtsschmuck aus meiner Kindheit – die Vögelchen, Engel, Pilze – gab es nicht mehr. Doch eines Tages tauchte ein Bankdirektor aus dem thüringischen Lauscha in meinem Antiquitätengeschäft auf. Im Gepäck hatte er einen Karton mit altem Christbaumschmuck aus Glas. Die Kugeln waren sofort ausverkauft, und in mir war eine Leidenschaft entfacht. Zunächst verkaufte ich Originalobjekte und sammelte selbst alte Original-Blasformen für gläsernen Christbaumschmuck. Dann reiste ich nach Thüringen und in den Böhmerwald und begab mich auf die Suche nach Glasbläsern, die das Handwerk noch beherrschten. Und ich wurde fündig – und nicht nur das: In Kellern und auf Dachböden staubten die alten Gussformen für Engel und Nikolause, Vögel und Tannenzapfen vor sich hin. Ich kaufte sie auf und gab dazu noch eine halbe Million Kugeln in Auftrag. So verhalf ich der am Boden liegenden Glasbläserei in Thüringen zu einer Renaissance, denn die nostalgischen Objekte verkauften sich bestens. Schließlich begann ich, selbst Weihnachtsschmuck zu entwerfen. Ich gab den Produzenten Muster und Farben vor und schmückte von da an auch selbst ganze Weihnachtsbäume.

Der Handel mit den mundgeblasenen Schönheiten war jedoch gar nicht so einfach, denn schließlich war Thüringen damals Teil der DDR. Ich war eine Art James Bond des Weihnachtsschmucks, denn ich hatte die Lizenz zum Kaufen. Um diese zu bekommen, musste ich das Regime erst einmal überzeugen, dass sich Geschäfte mit mir lohnen. Für rund 500 000 Ostmark ließ ich jährlich in Thüringen Baumschmuck fertigen. Damit ich den Christbaumschmuck überhaupt aus der DDR ausführen durfte, wurde er als Kulturgut deklariert. Diese Ausfuhrgenehmigung hatte ich exklusiv.

Nach der Wende 1989 wurde nicht nur der Handel leichter, sondern ich konnte sogar einen richtigen Schatz heben: Die staatliche Außenhandelsgesellschaft in der früheren Tschechoslowakei, welche damals den Handel mit dem

Westen abwickelte, wollte ihr Archiv mit den schönsten Weihnachtskugeln aus fast 50 Jahren wegwerfen. Das konnte ich nicht zulassen. Also kaufte ich für einen Schleuderpreis alles auf und transportierte die prächtigen Kugeln in zwei Güterwagen nach Basel.

Auch heute noch entstehen die Wanner-Christbaumkugeln in den traditionellen Glasbläser-Regionen Osteuropas. Zusätzlich werden in China Seiden- und Brokatbänder gewebt.

Meinen Weihnachtsschmuck verkaufe ich in zwei Weihnachtsbaumschmuckausstattungsspezialgeschäften in der Basler Altstadt: im Geschäft am Spalenberg und in den Weihnachtsstuben in der Schneidergasse. Das Geschäft am Spalenberg glitzert und glänzt von Wand zu Wand, der prächtige Weihnachtsschmuck lässt in drei hintereinanderliegenden Stuben nur einen schmalen Mittelgang frei. Überall stapeln sich offene Schachteln mit gläsernen Zapfen, Würfeln, Tropfen, Fußbällen, Engeln, Blüten, Tieren. Und natürlich Kugeln! Mal in zartem Hellblau, mal in dunklem Nachtblau, in Grüntönen, von Rosa bis Pink und natürlich auch in Schwarz, insgesamt in über 900 Farben. Mal mit Tupfen, mal mit Streifen, mit Stoffbesatz und Silberverzierungen. Kugeln in den Farben des Union Jacks oder mit Stars & Stripes. Auf den Tischen und Regalen sind in Schalen und Vasen weitere Kugeln, Girlanden, Schleifen und kleine Püppchen. Wohin das Auge schweift, erblickt es winzige Erdbeeren aus mundgeblasenem Glas, Seesterne, Seepferdchen, Muscheln, Fische, Enten, Eulen, Krokodile, Pinguine, Handys, Fotoapparate … Dazwischen stehen immer wieder Weihnachtsbäume, von mir selbst oder auch von unserem Team unter meiner Leitung geschmückt.

Oft hegen Kunden eine ganz genaue Vorstellung vom Objekt ihrer Träume und wünschen sich etwa ein grasgrünes Glasvögelchen mit roten Punkten und einem Brief im Schnabel. Solche Exemplare lasse ich für meine Kunden dann speziell anfertigen.

Wie viele Artikel es in meinen Geschäften am Spalenberg und in der Schneidergasse gibt, weiß ich nicht. Ich zähle nicht. Aber was Sie bei mir nicht finden, werden Sie wohl nirgends finden. Wir bezeichnen unsere Objekte auch nicht mit Artikelnummern, sondern jedes Objekt hat einen Namen oder sogar einen Spitznamen. Wer in meinem Laden arbeitet, kennt alle diese Namen. Man kann dort allerdings nicht schnell etwas kaufen, denn auf die Schnelle findet man unter den unzähligen Objekten nichts. Deshalb sage

ich auch zu Menschen, die fünf Minuten vor Ladenschluss noch hereinkommen und etwas kaufen wollen: „Das können Sie schon, aber ich rate Ihnen ab. Kommen Sie wieder, wenn Sie ein bisschen mehr Zeit haben." Und die, die wiederkommen, geben mir recht. Das ist sonst wie bei einem Film, der zu schnell abläuft. Es fängt an zu flimmern. Man muss sich leiten lassen und die Themen auf sich wirken lassen. Das gibt dann eine Synergiewirkung. Zeit ist wichtig, nicht nur beim Auswählen des Weihnachtsschmucks, sondern auch beim Dekorieren. Weihnachten soll keine stressige Zeit sein, in der man auf die Schnelle etwas kauft, sondern eine Zeit der Ruhe und Besinnlichkeit. Und das soll man auch in meinem Laden spüren. Auch deswegen nimmt zur Weihnachtszeit ein livrierter Portier meinen Gästen Mäntel und Taschen ab.

Doch nicht nur in Basel können Sie meinen Weihnachtsschmuck kaufen. Unzählige Geschäfte in der ganzen Welt führen den filigranen Christbaumschmuck aus meiner Werkstatt – von New York über Moskau bis Tokio.

Viele meiner Kunden nutzen den Vorteil, fix und fertig geschmückte Weihnachtsbäume bei mir zu bestellen. Zauberhafte Exemplare werden dann in jeder Größe an jeden Ort geliefert. Oft werde ich gefragt, wie viel denn ein Weihnachtsbaum bei mir kostet. Das ist gar nicht so viel: Wer bei mir im Geschäft einkauft, kann schon mit 100 Euro einen mittelgroßen Baum perfekt ausstatten. Je exklusiver der Baumschmuck, desto teurer wird es natürlich. Der Preis für einen opulent geschmückten Baum kann schon einmal eine Höhe von 2 500 Euro erreichen. Wer sich Einzelstücke oder limitierte Objekte wünscht, kann für einen einzigartigen Baum den Preis eines Mittelklassewagens ausgeben. Aber eines ist mir trotzdem wichtig: Es muss immer möglich sein, dass sich ein Kind bei mir etwas für sein Taschengeld kaufen kann. Und so findet sich in meinem Laden nicht nur die

Es muss immer möglich sein,

dass sich ein Kind bei mir etwas für sein Taschengeld kaufen kann.

Immer im Einsatz. Vor allem von Oktober bis Dezember ist Johann Wanner als Weihnachtsexperte international gefragt.

größte Weihnachtskugel der Welt für ca. 1 200 Euro, sondern auch zahlreiche kleinere Kugeln und Objekte, die sich mit einem schmalen Geldbeutel bezahlen lassen.

Immer wieder stürzt sich die Presse darauf, dass ich auch bei prominenten Kunden Bäume schmücke. Das stimmt, doch wer nun auf die Namen dieser Kunden wartet, den muss ich leider enttäuschen. Ein Weihnachtsbaum ist etwas sehr Persönliches, und meine Kunden verlangen zu Recht Diskretion. Außerdem will ich auch nicht der Prominenten-Baumschmücker sein. Bei mir sollen alle einkaufen, denn es gibt für jeden Geldbeutel etwas. Die liebsten Kunden sind mir ohnehin die Kinder. Wenn sie Christbaumschmuck aussuchen, kombinieren sie immer ganz intuitiv die herrlichsten Farben und Formen. Auch heute noch werden mir manchmal die Augen feucht, wenn ein Kind fassungslos vor Entzücken in meinem Geschäft steht. Oder wenn einem Erwachsenen plötzlich eine Träne über die Wange kullert, weil ihn wohl ein Schmuckstück an seine Kindheit erinnerte.

Moden und Trends

Schon früh hatte ich die Idee, die traditionelle Glasbläserkunst mit modischen Trends zu verknüpfen und so den Zeitgeist bei der Gestaltung der Kugeln und anderer Objekte mithelfen zu lassen. Dadurch bleibt die alte Glasbläserkunst lebendig. Wie so vieles ist also auch der Weihnachtsschmuck heute der Mode unterworfen. Früher wurden Kugeln und Engel, Vögel und Nikolause Jahr für Jahr vorsichtig ausgepackt und am Baum angebracht. Über Generationen wurde dieser Christbaumschmuck weitervererbt. Doch diese Zeiten sind leider vorbei. Auch für Weihnachtsbäume gibt es Moden, und schon lange wird nicht mehr nur der Baum geschmückt, sondern die ganze Wohnung und sogar der Garten.

Die Chefin des Hauses, Ursel Wanner (o.). Johann Wanner plaudert mit einem Gast in seinem Weihnachtscafé (Mitte). Der „Herr der Kugeln" mit Carolin Reiber (u.).

Der größte Teil meiner Arbeit spielt sich nicht etwa im Dezember ab, sondern in den Monaten von Januar bis April. Dann werden nämlich die Trends für das kommende Weihnachtsfest festgelegt, sodass ich jedes Frühjahr rund 200 Modelle präsentieren kann. Bei den Trends können Farbkombinationen im Vordergrund stehen, aber auch bestimmte Formen, Stoffe oder folkloristische Stilrichtungen. Mal ist der Trend eher traditionell, mal avantgardistisch, aber immer etwas Neues.

Wie komme ich nun auf meine Trends? Wir beschäftigen ein weltweites Netz von Trendscouts, die die Mode genau beobachten und dann berichten, welche Farben und Stimmungen den Ton angeben. Meist sind es Frauen oder junge Mädchen, die auf die Messen gehen, aber auch die Leute auf der Straße oder in den Clubs beobachten. Wie kleiden sie sich, welche Farben bevorzugen sie, welche Themen sind wichtig für sie? Auch einzelne Menschen, die speziell angezogen sind, die ein bisschen aus der Masse herausstechen, sind wichtig. Ich spiele auch selbst ein bisschen Trendscout und habe immer eine kleine Kamera dabei. Wenn ich dann eine interessante Person sehe, frage ich, ob ich ein Foto machen kann. Meist sind sie schnell dabei. Außerdem arbeiten für uns noch Schneider, Floristen, Blumenbinder, Designer, die alle ebenfalls Trends erkennen können. Daran orientiere ich mich bei meinem Weihnachtsschmuck. Aber letztendlich ist ein Trend nur dann ein Trend, wenn er auch verkäuflich ist. Nicht immer hat die aktuelle Mode den Glanz und den Glamour, den Weihnachtsschmuck braucht. So sind viele Farben zu erdig, zu dunkel – obwohl meine Lieblingskugel die schwarze Kugel ist. Sie wirkt wie ein schwarzer Spiegel: Im Hintergrund ist alles verklärt, aber die Lichtpunkte sind ganz scharf. Diese Kugel mache ich seit vielen Jahren, und sie ist auch sehr erfolgreich bei den Leuten, die sich dabei etwas denken. Wenn schwarze Kugeln im Baum hängen, hat das etwas Mystisches.

Mindestens ebenso wichtig wie die Trendscouts sind jedoch die Kinder. Kinder, die noch nicht zur Schule gehen und noch nicht verdorben sind. Sie sind ganz spontan und ehrlich, aus sich heraus. Wenn ich mir mein Geschäft von außen anschaue, dann sehe ich an bestimmten Stellen an den Schaufenstern, so in etwa

Seinen Laden betritt man als Kunde,

heraus schwebt man als Engel!

EIN KUNDE

An jedem meiner Bäume bringe ich einen Teufelskopf aus Glas an, …

Sport und Bewegung bilden für Johann Wanner einen Ausgleich zur Weihnachtswelt. Im Fadenkreuz dieser zwei Gegensätze enstehen neue Synergien und Ideen.

60 bis 80 Zentimetern Höhe, kleine Abdrücke. Hier haben Kinder ihre Nasen ans Schaufenster gedrückt, hier steht etwas, das den Kindern gefällt. Und wenn wir das dann machen, haben wir garantiert Erfolg damit!

Wenn ich dann die Trends für das kommende Weihnachtsfest festgelegt habe, können sich die Kunsthandwerker in Thüringen, Polen und Tschechien an die Arbeit machen und die mundgeblasenen und handgemachten Schmuckstücke anfertigen. Pünktlich zum Weihnachtsgeschäft stehen sie nicht nur in unserem Laden, sondern auch bei Händlern in aller Welt. Weihnachten 2010 wird es viel Silber geben, das ist sehr festlich, außerdem viel Rot, eine Farbe, die für die grünen Bäume prädestiniert ist. Es wird vornehmes Rot sein, ein dunkles, pflaumiges Rot. Und Lilatöne in Richtung Flieder werden auch dabei sein.

Eine Frage, die man mir immer wieder stellt, ist, ob ich ein Lieblingsobjekt oder einen Lieblingsbaum habe. Ich sehe mich als einen Familienvater, der viele, viele Kinder hat. Jedes Kind ist etwas ganz Besonderes. Und jeder Baum hat seine eigene Art und seine spezielle Form. Ich bin auf alle meine Bäume stolz. Den perfekten Baum gibt es sowieso nicht. Ein Baum ist immer dann perfekt, wenn er der Person entspricht. Der Baum, die Dekoration, das Umfeld und die Person sollen eine Einheit bilden. So kann ein Baum auch nicht zu kitschig werden, denn für mich ist Kitsch immer eine Unstimmigkeit. Wenn etwas nicht zu der Person passt, die sich damit umgibt, dann ist das Kitsch.

Ein Markenzeichen habe ich jedoch trotzdem: An jedem meiner Bäume bringe ich einen Teufelskopf aus Glas an, denn ich suche den Teufel lieber am Baum, als dass er mich von hinten überfällt. Und auch eine Weihnachtsgurke, eine Kugel in Gurkenform, ist immer dabei. Denn die haben meine Eltern immer am Weihnachtsbaum aufgehängt, damit wir Kinder sie suchen konnten.

Ursel Wanner

Wer von uns die Gurke als erster fand, erhielt ein zusätzliches Geschenk.

Kann man einen Baum auch verhunzen? In meinen Augen nicht, denn ich bin da sehr tolerant. Jeder hat seine persönlichen Vorlieben, und das ist auch in Ordnung so. Prinzipiell kann man alle Dinge, die man persönlich sehr mag und die einem wichtig sind, an den Baum bringen. Man sollte aber auch nicht vergessen, dass das Schmücken eine sehr verantwortungsvolle Arbeit ist. Man ehrt damit den Baum und indirekt auch die Natur. Und mit dieser Ehre ist auch eine gewisse Hoffnung verbunden, nämlich dass die übrige Natur bald wieder erwacht und es wieder grünt und blüht. Alles, was dem widerspricht, gehört nicht auf den Baum. Wenn man dem Baum diese Ehre verweigert, hört bei mir der Spaß auf, zum Beispiel wenn ein Baum verkehrt herum aufgehängt wird.

Meinen eigenen Baum, übrigens immer eine Rottanne, schmücke ich mit meinen ganz persönlichen Sachen. Ich habe sogar 60 Jahre alten Schmuck, der noch aus meiner Kindheit stammt. Andere Objekte stammen aus dem Kindergarten, auch Selbstgebasteltes ist dabei. Wenn ich heute mit meiner Familie Weihnachten feiere, ist das also immer auch ein Ausflug in meine Kindheit.

So kam es dazu, dass Weihnachten mein Lebensthema wurde. Und nach all den Jahren kann ich heute mit Gewissheit sagen: Ich habe immer noch eine Freude daran.

… und auch eine

Weihnachtsgurke,

die haben meine Eltern
immer am Weihnachtsbaum aufgehängt,
damit wir Kinder sie suchen konnten.

Eine Zeitreise

Die Geschichte des Weihnachtsbaums

Dass Menschen rituell Bäume schmückten, um sich etwas zu wünschen, oder darin eine Zierde sehen oder Äste behängen, weil sie damit einem religiösen Brauch folgen oder einer bestimmten Tradition, ist seit vielen Jahrhunderten üblich. Manchmal handelt es sich dabei um bunte Bänder, die um Zweige oder Stamm gewunden werden, um vielleicht ein Zeichen der Liebe zu setzen, oder ein Baum wird geschmückt, um dadurch den Knospen im Frühjahr vorzugreifen und das Auge mit ein wenig Schmuck über den grauen Winter hinwegzutrösten. Obwohl auch im Frühling und Sommer zuweilen Bäume mit Fähnchen oder Bändern geschmückt werden, handelt es sich bei dem Brauch, Bäume bunt zu gestalten, doch eher um eine winterliche Tradition. Der Mangel an Licht und Farben motivierte bereits unsere Vorfahren, gestalterisch wirksam zu werden. So ist es bis heute geblieben. Kaum werden die Tage kürzer, suchen wir vermehrt das Licht der Kerzen, und anstelle von Blumen sind auf einmal verschiedenste Dekorationen in Haus und Garten zu finden. Wir beginnen, es uns schön zu machen, weil es draußen so ungemütlich ist. Ein Teil Magie der alten Tage ist in jeder Kerze von heute noch zu finden, und die Festtage sind geblieben, obwohl die Wintersonnenwende als hohes Datum sich in den Heiligen Abend, das Christfest, verwandelt hat.

Wie weit wir auch geschichtlich zurückdenken, die Menschen suchten schon immer Anlässe, um zusammenzusitzen und sich gemeinsam an etwas zu erfreuen, besonders in der kalten Zeit, in der man früher die Wärme des anderen brauchte, das Feuer eine Überlebensquelle war und Geschichten, Musik und Essen bei Zusammenkünften Abwechslung boten. Es gab viel, was unseren Vorfahren nicht deutlich war. Märchen, Sagen und Fabeln dienten nicht nur der Unterhaltung, sondern waren ein Mittel, die Welt besser oder überhaupt zu verstehen. Wenn man schon beisammen saß, dann sollte es natürlich auch einladend sein. Also begannen die Menschen zu dekorieren. Einerseits aus einem symbolhaften Anlass heraus, andererseits weil geschmückte Bäume, Sträucher oder Räume einfach wundervoll wirken können.

Möglicherweise gab es schon sehr früh so etwas wie eine gegenseitige Inspiration oder freundliche Konkurrenz, wer die schönere Stimmung herbeischmücken konnte. Wenn dem so wäre, es würde mich nicht wundern.

Das Leben eines Weihnachtsbaums, dargestellt auf Werbebildern (um 1895) des Fleischextrakt-Fabrikanten Liebig: Pflanzen, Fällen, Verkauf, Schmücken, Feiern, Abschmücken.

Ab wann gab es den geschmückten Baum?

Dass Bäume verziert wurden, um weihnachtliche Stimmung zu verbreiten, kann man in einem Dokument der seit 1419 existierenden Freiburger Bruderschaft der Bäckerknechte nachlesen. In dieser Schrift ist ein ausdrücklicher Vermerk zu finden, dass man einen Baum im örtlichen Heilig-Geist-Spital gesehen habe, der an Weihnachten aufgestellt worden war und der mit Äpfeln, Oblaten, Lebkuchen, Flittergold, gefärbten Nüssen und Papierschmuck geschmückt gewesen sein soll. Äpfel, Oblaten, Lebkuchen und Flittergold – nun, das kommt doch unserem jetzigen Baum schon ziemlich nahe, wenn man diesen traditionell oder in Anlehnung an die Weihnachtsbäume im Bilderbuch verzieren möchte. Dass nun der Baum der Bäckerknechte als so besonders wahrgenommen wurde, erklärt sich aber eher dadurch, dass das damalige Weihnachtssymbol der Christen die Krippe war, wie sie auch heute in jeder Kirche zur Weihnachtszeit zu finden ist und augenblicklich auch bei privaten Familienfeiern mehr und mehr Bedeutung erlangt. Der Tannenbaum in der Kirche ist erst viel später Brauch geworden. Wenn Sie heute in der Weihnachtszeit katholische oder evangelische Kirchen besuchen, dann werden Sie auch jetzt noch feststellen, dass die Krippe sehr prominent den Raum einnimmt und ihrem Aufbau – manchmal geschieht dies nach und nach – eine große Rolle in der Vorweihnachtszeit zugeschrieben wird. Die Krippe ist auch heute noch das christliche Symbol. Dennoch kann Weihnachten ohne Baum in der Kirche nicht stattfinden. Freilich ist er anders geschmückt als die Weihnachtsbäume bei uns daheim.

Mitte des 19. Jahrhunderts begannen progressive Geistliche damit, Christbäume in die Kirchen zu integrieren. Da sich die Bäume einerseits von der heidnischen Tradition abgrenzen, andererseits stimmungsvoll die heilige Zeit unterstreichen sollten, wurden sie eher christlich dekoriert, etwa mit Strohsternen, die ein Symbol für den Stern von Bethlehem sind und an das Stroh in der Krippe erinnern sollten. In Norddeutschland kamen Engel, Krippenfiguren, Kreuze und Oblaten hinzu. Sehr zum Spott mancher Katho-

liken, die den „Lutherbaum" und die dazugehörige Tannenbaumreligion zu komisch fanden.

Dass wir den ersten Nachweis über einen geschmückten Tannenbaum aus Freiburg erhalten, könnte damit in Verbindung stehen, dass man im Elsass bereits vor über 500 Jahren „weyhenacht" feierte. Anlässlich dieser Feier wurden Schmuckbäumchen aufgestellt. Es ist also gut möglich, dass dieser Brauch über die Grenze nach Freiburg getragen wurde. Dass wir wissen, dass im Elsass Bäume geschmückt wurden, verdanken wir heute ebenfalls einem Dokument. Ein Reisender, heute würden wir ihn Tourist nennen, notierte 1604/1605 in seinem Reisetagebuch: „Auf Weihnachten richtet man Dannenbäum zu Straßburg in den Stuben auff, daran hencket man roßen aus vielfarbigem Papier geschnitten, Äpfel, Obladen, Zischgold, Zucker. Man pflegt darum ein vierekent Rahmen zu machen."

Auch wenn der Weihnachtsschmuck damals oft handgefertigt oder gebacken war, gab es doch auch verschiedenstes Dekorationsmaterial, das man käuflich erwerben konnte. Ich habe meine Zunft also nicht erfunden, sondern es gab bereits vor mir Händler, die Freude am Verkauf von schönen Dingen hatten. Sicherlich wird es keine Händler gegeben haben, die sich, wie ich, auf Weihnachten spezialisierten, aber dennoch wurden Rechnungen aus den Jahren 1597 bis 1669 gefunden, die eindeutig belegen, dass man im oberelsässischen Türkheim Weihnachtsbaumschmuck käuflich erwarb. Allerdings handelte es sich bei diesem Schmuck nicht um bunte Glaskugeln, Nachtigallen oder Bären, sondern um Äpfel, Hostien, Fäden und buntes Papier. Die geschmückten Bäume waren nun auch in den Häusern zu finden und nicht mehr nur im Freien, wie es auch einst Brauch gewesen war. Wie die Bäckerknechte wollten auch andere Zünfte ihre Säle oder Stuben damit schmücken.

Auch in den ersten Familien muss es solche Bäume gegeben haben, die manchem Prediger ein Dorn im Auge waren. Der Straßburger Prediger Dannhauer mahnte so 1650 die Gläubigen im Münster:

„Unter anderen Lappalien, damit man die alte Weihnachtszeit oft mehr als mit Gotteswort ... zubringt, ist auch der Weihnachtsbaum oder Tannenbaum, den man zu Hause aufrichtet, denselben mit Puppen und Zucker behängt und ihn hernach schütteln und abblümen lässt ... Viel besser wäre es, man weihte die Kinder auf den geistlichen Cedernbaum Jesum Christum."

Nach dem Dreißigjährigen Krieg setzte sich der Weihnachtsbaum insbesondere in den höheren Kreisen durch. Noch war es kein Nadelbaum, sondern ein Laubbaum, den man an Weihnachten zum Grünen oder gar zum Blühen bringen wollte – ein Symbol der Hoffnung auf den Frühling und die Wiedergeburt nach dem Tod. Vorbild dafür könnten die sogenannten „Wintermayen" des Mittelalters gewesen sein. Dabei handelt es sich um einen Brauch, den wir auch heute noch zu gut kennen. Am Barbaratag, dem 4. Dezember, wird gerne ein Zweig in die Häuser geholt, um der heiligen Barbara zu gedenken und sich an Grünem, Blühendem und Frühlingshoffnungen zu weiden. Da sich aber trotz aller gärtnerischen Mühe Blüten und Blätter oftmals nicht einstellen wollten und das beileibe kein gutes Omen war, griff man bald wieder zum problemlosen Immergrün.

Was wurde geschmückt?

Im 17. und 18. Jahrhundert waren es Buchsbäume, die man als Weihnachtsbäume schmückte. Buchs ist eine ausgesprochen hübsche, kugelig barocke Pflanze, die, rundherum mit Zuckerzeug behängt, zauberhaft aussieht. Außerdem sagte man ihr früher magische Fähigkeiten nach. Buchsbäume wurden von Gärtnern emporgezogen und kunstvoll geschnitten. Noch heute kann man in vielen Schlossgärten die damalige Liebe zum Buchs bewundern. Man denke an die Parkanlagen, Labyrinthe und Orangerien: Der Buchsbaum ist auch heute nicht daraus wegzudenken. Je kunstvoller der Buchs-Weihnachtsbaum, desto gehobener die Herrschaft, deren Weihnachtsfest er repräsentierte. In der Regel behängte man die Buchsbäume mit golden gefärbten Nüssen, Früchten, Papierblumen und Zuckerzeug. Übrigens wurden noch 1800 auf einem Berliner Weihnachtsmarkt Buchsbäume den Käufern angeboten, obwohl sich der Tannenbaum schon weitestgehend durchgesetzt hatte.

Liselotte von der Pfalz (1652–1722) beschrieb als 56-Jährige in einem Brief an ihre Tochter die glücklichen Kindheitserinnerungen an die Weihnachtsfeste am Hof in Hannover: „Da richtet man Tische wie Altäre her und stattet sie für jedes Kind mit allerlei Dingen aus, wie neue Kleider, Silberzeug, Puppen, Zuckerwerk und alles Mögliche. Auf diese Tische stellt man Buchsbäume und befestigt an jedem Zweig ein Kerzchen. Das sieht allerliebst aus.“

Weihnachten

soll keine stressige Zeit sein,
in der man auf die Schnelle etwas kauft,
sondern eine Zeit der Ruhe und Besinnlichkeit.

Was will der Baum sagen?

Dass Bäume nicht nur geschmackvoll dekoriert werden, sondern sich damit auch eine Aussage verbindet, lebte bereits die Wittenberger Gutsherrenfamilie Kissling. 1737 war es in dieser Familie Brauch, für jedes Familienmitglied einen Baum zu schmücken, und zwar in der Art, dass ein unmittelbarer charakterlicher Zusammenhang erkennbar war. Der Baum drückte also etwas aus, stellte ein Familienmitglied dar, und logischerweise wurden für jedes Familienmitglied die Geschenke unter den eigenen Baum gelegt. Wie der Vater an Weihnachten den Braten schneidet und verteilt, so war es auch das Privileg des Familienoberhauptes, die Geschenke zuzuordnen. Erst dann ging die Tür auf, und die Familienmitglieder traten staunend ein. Der Baum selbst zählte übrigens zu den Geschenken.

An anderen Orten hatte man zur gleichen Zeit von alledem noch keine Ahnung. Eine Berliner Zeitschrift, deren Spezialität erklärtermaßen die Berichterstattung über „merkwürdige Sachen aus dem Reich der Natur“ war, zählte es noch 1754 zu den besonderen Merkwürdigkeiten, dass manche Leute vergangene Weihnachten grüne Fichten in die Stube stellten, die sie mit vergoldeten Erdäpfeln schmückten, um den Kindern auf diese Weise die Gestalt von Paradiesäpfeln zu vergegenwärtigen.

In Nürnberg berichtete der Simplicianische Wundergeschichtscalender des Jahres 1795 von einem „Christkindlesbaum“. Dieser Baum war nun wieder ganz anders, als wir erwarten. Es handelte sich um einen Laubbaum, der geschmückt und so hoch war, dass seine Äste die Hälfte der Decke der Wirtsstube bedeckten. Aber, wie kann es anders sein, das Spektakulärste an diesem Baum war natürlich seine Dekoration: „An allen Ästchen und Zweigen hingen nun allerhand kostbare Konditor- und Zuckerwaren … in großer Menge daran, so dass man unter diesem Baum wie in einem Speisegewölbe sich befand.“

Der Nürnberger Baum überzog ein Netz aus Bändern und Girlanden, an denen vergoldete Haselnüsse befestigt waren. Dazwischen leuchteten, schwärmte der Autor, „eine unzählige Menge Wachslichtlein, wie Sterne am Himmel“. Vermutlich war der Nürnberger kein Freund von Süßigkeiten, klagte er doch, seine kulinarischen Vorlieben aufzählend: „Es ist nur jammerschade, dass nicht auch Schinken und Bratwürste und

Schwartenmägen, Ochsenfüße nebst gebratenen Tauben dranhingen."

Wie in den meisten Modefragen, so dienten bei der Wahl des jeweils modischen Baumschmucks die Adeligen den Bürgern als Vorbild. 1816 gab es den ersten Weihnachtsbaum am Hof in Wien, 1830 in Berlin. Von Kaiser Franz Josef und seiner berühmten Sissi ist bekannt, dass sie Weihnachten in der Wiener Hofburg für jedes Familienmitglied einen Baum prächtig herausputzen ließen. Sie erinnern sich: Auch die Familie Kissling in Nürnberg kannte diese Tradition.

Es ist überliefert, dass Napoleons Bruder, der König von Westfalen, Schenkungsurkunden in einen Baum hing. In den Schlössern dürften auch die ersten üppig mit Spielzeug behängten „Kinderbäume" aufgekommen sein.

Dann kam die Biedermeierzeit, und der Weihnachtsbaum wurde populär. In den armen Gegenden des deutschen Ostens, etwa im Erzgebirge, erfand man den noch heute berühmten Weihnachtsschmuck: die Weihnachtspyramide. Die Schnitzer von damals waren Bergarbeiter, denen Licht heilig und kostbar war. Daraus erklärt sich, warum bei dieser Pyramide so viel Licht zu finden ist. Das Licht war darüber hinaus ein Symbol der christlichen Hoffnung und auch darauf, dass die Zeiten besser werden. Heute zählt diese alte Handwerkskunst aus dem Erzgebirge zum hochwertigsten und teuersten Weihnachtsschmuck, den man neben echter Glasbläserkunst erwerben kann.

O Tannenbaum

O Tannenbaum, o Tannenbaum,
Wie treu sind deine Blätter!
Du grünst nicht nur zur Sommerzeit,
Nein, auch im Winter, wenn es schneit. —
O Tannenbaum, o Tannenbaum,
Wie treu sind deine Blätter!

O Tannenbaum, o Tannenbaum,
Du kannst mir sehr gefallen!
Wie oft hat schon zur Winterszeit
Ein Baum von dir mich hoch erfreut!
O Tannenbaum, o Tannenbaum,
Du kannst mir sehr gefallen!

O Tannenbaum, o Tannenbaum,
Dein Kleid will mich was lehren:
Die Hoffnung und Beständigkeit
Gibt Mut und Kraft zu jeder Zeit!
O Tannenbaum, o Tannenbaum,
Dein Kleid will mich was lehren!

Text von J. A. Zarnack und Ernst Anschütz

Der Christbaum im Wandel der Zeiten

In der Zeit des Biedermeiers, im 19. Jahrhundert, wurde der Weihnachtsbaum das, was er uns heute ist: prachtvoll, groß, dabei familiär, gemütvoll und individuell. In der Zeit des Biedermeiers war Weihnachten nicht mehr nur ein Fest, sondern es handelte sich um das Familienfest schlechthin. Ursache des Rückzugs in die schutzbietenden eigenen vier Wände waren die unsicheren Zeitläufe. Und so erhielt auch der Baum seine familiär-gemütvolle Note. Manch einem unglücklich Verliebten wollte an den Weihnachtsfesten, die jene allgemeine Gefühlsstimmung ins Unendliche vertieften, fast das Herz brechen. Es begann die Zeit der Weihnachtsstille und der gut situierten weihnachtlichen Wohltäter.

Vor der Bescherung spielte die Dame des Hauses auf dem Klavier, dem Modeinstrument dieser Zeit, ein Weihnachtslied. Die Bäumchen thronten meistens auf Tischen, noch gab es keine Baumspitze. Das Zuckerzeug am Baum wurde jetzt größer, letzter Schrei waren die in Formen gepressten „Springerle", die gern mit Eierzuckermotiven aus dem Rokoko verziert wurden. Dazu kam noch aller andere erdenkliche, der Formenmode des Biedermeiers entsprechende Zierrat: Herzen, Kringel, Blumen und Vögel, die in etwa so aussahen, wie wir das aus Poesiealben kennen. Der industriell gefertigte Baumschmuck kombinierte schon vielerlei Materialien wie Wachs, Metall, Stoff, Draht, Watte und Pappmaschee. In Mode waren auch Wachsengel, speziell die Nürnberger Rauschgoldengel, und: die ersten gläsernen Christbaumkugeln!

Doch wann und wie man den Weihnachtsbaum schmückte, war immer auch ein Ausdruck von Mode, Stand, Besitz und ganz eigenem Geschmack und Vorlieben. Auf jeden Fall musste der Zierrat klein und leicht sein, denn er durfte ja die Zweige nicht beschweren. Vorzugsweise verwendete man Schmuck, der glänzte, flitterte und der das Kerzenlicht reflektierte. Theodor Storm beispielsweise berichtet von entzückenden Dingen aus Marzipan, von Himbeeren und Erdbeeren. An Eichhörnchen in halber Lebensgröße gefielen ihm besonders die klugen Augen und der erhobene Schweif. Andere Autoren des 19. Jahrhunderts schwärmen von Bäumen mit Feigen, Rosinen und Pflaumen, mit saftigen Trauben, Äpfeln und Birnen.

Jede Region hatte ihre eigenen Vorlieben. In Westfalen zum Beispiel kannte man den Nussbaum; man klemmte dort früher kleine braune Haselnüsse an die Zweige. In der Pfalz, in Rheinhessen und im Spessart war dagegen der Zuckerbaum lange üblich. Süßes Gebäck hing in den letzten 150 Jahren vor allem dort am Weihnachtsbaum.

Besonders beliebt und verbreitet waren Süßwaren aus Tragant, einer dem Marzipan ähnlichen gallertartigen Zuckermasse, die sich leicht zu kleinen Figuren modellieren ließ. Alle möglichen essbaren Dinge erfreuten sich vor allem bei der Landbevölkerung großer Beliebtheit, etwa Lebkuchen, Rosinen, Äpfel und Kastanien. Seit

Das ganze Jahr in Blüte: Weihnachtsbaum mit prächtigen Seidenlilien.

dem 18. Jahrhundert haben sich Eltern auch immer wieder bemüht, den Weichnachtsbaum mit Objekten zu behängen, denen ein gewisser erzieherischer Wert zukommt.

Dazu gehörten etwa gefärbte Äpfel, die den Kleinen die biblische Paradiesgeschichte vergegenwärtigen sollten, oder Puppengeschirr, mit dem man die Mädchen auf ihre zukünftige Hausfrauenrolle spielerisch vorbereitete. Da der Baumbehang oft zugleich Weihnachtsgeschenk war, sah der Christbaum in vielen Familien schon nach der Bescherung ziemlich zerzaust aus und wurde sogleich entfernt. Das Abräumen und Wegbringen war in manchen Gegenden aber auch ein festes Ritual. Oft durfte das Bäumchen erst am Neujahrstag „abgeblümt", das heißt kahlgefuttert werden.

Die Thüringer Glasindustrie fertigte nun eine vorher unbekannte, fantastische Vielfalt von Zierobjekten: bunte Häuschen, Trompeten, Lampions, Vögel, Früchte, Wagen, Sterne, Girlanden … Hinzu kamen alle erdenklichen Gebilde aus Maschee, vor allem sogenannter „Dresdner Pappe": Engel, Sterne, Tiere, Kutschen und Kanonen. Schließlich hatte das damalige deutschnationale Idol Kaiser Wilhelm I. eine ausgesprochene Vorliebe für die nun als „typisch deutsch" gefeierte Baumsitte, die – paradoxerweise – ausgerechnet durch den Krieg gegen die Franzosen 1870/71 propagandistisch so gefördert wurde, dass sie sich nun endgültig als geliebte Tradition etablieren konnte. Der Krieg forcierte nicht zuletzt die Produktion künstlicher Weihnachtsbäume, etwa Federbäume, deren Nadeln eigentlich aus grün gefärbten Truthahnfedern bestanden. Anlass dafür: Jeder Soldat, so wollte es der Kaiser, sollte im Feld oder auch im Lazarett seinen Weihnachtsbaum haben. Also schickten die Deutschen Tausende kleiner Kunstbäume vor allem an die Soldaten der Marine. Das Spektakulärste war freilich: Ausgerechnet in Versailles feierte der deutsche Kaiser Wilhelm am 24. Dezember 1870 Weihnachten unter einem strahlenden Tannenbaum und gab damit fortan den französischen Nachbarn allen Grund, den deutschen „Kaiserbaum" mit gemischten Gefühlen zu betrachten.

Anfang des 20. Jahrhunderts setzte sich der Jugendstil durch, und mit ihm kamen die geschwungenen Linien, die blumen- und volutenähnlichen Dekorationen. Der üppige, bunte Kinderbaum der Gründerzeit verwandelte sich in einen weiß-silbernen, eleganten Erwachsenentraum, der das Zeitideal eines einheitlich gestalteten, konsequent ästhetischen Lebensstils ausdrückte.

Der Jugendstilbaum, bis heute Vorbild für den typischen deutschen „Silberbaum", beeindruckt mit zurückhaltender, durchgestylter Noblesse. Der vornehmlich silbern schimmernde, gläserne Schmuck in allen denkbaren geometrischen Formen, darunter auch Glaszapfen, Kugeln und Herzen, wird von geschwungenen Linien durchzogen. Die Kerzen mussten damals auf alle Fälle reinweiß sein, silberne Perlenschnüre bildeten die Girlanden. Zu alledem passte auch das silberne Lametta vorzüglich. Diese feinen Streifen aus Silberfolie wurden 1878 erstmals produziert. Und es setzte sich Schmuck aus leonischen Drähten durch, auch kombiniert mit Glaskugeln. Sehr modern war aber auch Glasseide, etwa für Engelflügel oder für das bis heute noch beliebte Engelshaar.

Während des Ersten Weltkriegs folgten dann allerlei kriegerische Gerätschaften und die der preußischen Pickelhaube nachempfundene Christbaumspitze. Wie schon der andere Krieg vor ihm verbreitete auch dieser Krieg die Baumsitte in aller Welt, jedoch noch weit intensiver. Die Soldaten verschickten zwischen 1914 und 1918 ungefähr zehn Milliarden Feldpostkarten, ein Großteil davon weihnachtliche Fotokarten, die Weihnachtsbäume zeigten. Unzählige gingen ins Ausland und machten auch dort den Weihnachtsbaum berühmt.

Als in den „tollen Zwanzigern" der Rocksaum nach oben rutschte und die Damen Bubikopf trugen, war die silberne Dezenz passé. Der „Reformbaum" verlangte nach mehr Pep und Raffinesse. En vogue waren nun vor allem kleine, elegante Hohlglastierchen, die wir heute noch mögen: die Pfauen mit den Glasseidenschwänzen. Die Glastierchen mit den Klemmvorrichtungen verzauberten die Bäume in ein Paradies mit Papageien, Hirschen und Tauben, Störchen und Schwänen. Damals entsprossen dem Weihnachtsbaum auch erstmals die kleinen, glücksbringenden Fliegenpilze. Revue und Kabarett, Favoriten der Jugend, beeindruckten erkennbar die Designer des Christbaumschmucks in den „Roaring Twenties". Sie kreierten lustige Harlekine, Puppen, die deutlich an Revuegirls erinnern, und Saxophone. Nun legte sich Glitter und Flitter – feiner Silberstaub – auf Papphäuschen und Sterne.

Das Kunstgewerbe in den Dreißigern ersann für den Christbaum bunte Laternchen aus Glas und Messing, kleine Zinnfiguren, mit Prägebildern beklebte oder bemalte Milchglaskugeln, Fläschchen mit Etiketten, kleine Radios oder Glühbirnen. Diese Art, den Baum zu schmücken, war nun mehr von alltäglichen Dingen geprägt. Hin und wieder schlichen sich in Deutschland auch nationalsozialistische Symbole an die Bäume oder – ganz der Ideologie der Zeit gemäß – sogenannter „germanischer Julschmuck“: Sonnenrad, Rune und Hakenkreuz. Doch die von Krieg und Politik geplagten Menschen kehrten an Weihnachten lieber zu ihren alten wilhelminischen Märchenbäumen zurück.

Schon weil es während des Zweiten Weltkriegs nur wenig Christbaumschmuck zu kaufen gab, bastelte man vor allem der Kinder wegen eigenhändig Märchenfiguren: Zwerge, Schneewittchen, Rübezahl und Rumpelstilzchen. Und während Glasbläser und Spielzeugmacher im Feld waren oder in der Rüstungsindustrie arbeiteten, wanderten die hölzernen Abzeichen des Winterhilfswerks an den Baum.

In den Fünfzigerjahren waren die Weihnachtsbäume sehr nostalgisch und meistens so, wie man sie in den glücklichen Kindertagen gekannt hatte. Die reformwütigen Sechzigerjahre brachten den Christbaum bei der aufmüpfigen Jugend zusammen mit vielen anderen Traditionen etwas in Verruf. Manch ein Rebell forderte die Abschaffung oder versuchte gar, den Baum irgendwie beziehungsreich schmückend „zu politisieren“. Schließlich setzte sich aber doch die Meinung durch, dass der Christbaum ein ungeeignetes Objekt für jegliche Agitation ist und man ihm wohl keine Schuld an gesellschaftlichen Verhältnissen aufbürden kann. Prompt wurde er in den Folgejahren beliebter denn je. In den Siebziger- und Achtzigerjahren waren die Baummoden allerdings deutlich geprägt von der Ökologiebewegung und der kritischen Haltung gegenüber der industriellen Massenproduktion. Plötzlich durfte das bleierne Lametta nicht mehr auf den Baum. Dafür wurden jetzt mancherlei Dinge aus Naturmaterialien selbst gebastelt. Strohsterne, Äpfel, Nüsse, Kornkugeln und Holzspielsachen machten den Öko-Baum perfekt.

Seit den Achtzigerjahren hat sich kein einheitlicher Stil durchgesetzt. In dem Maße, wie sich die Menschen von den traditionellen kirchlichen Werten distanzieren, verliert auch der Baum die wenigen kirchlich-religiösen Symbole, die ihm bisher noch geblieben sind. Andererseits erfreuen sich auch Weihnachtskrippen zunehmender Beliebtheit.

Wie auch immer der Baum in fünfzig oder hundert Jahren aussehen wird – der Mythos seiner langen wechselhaften Geschichte und die generationentiefe Faszination werden ihm immer eigen sein.

Wenn ich heute mit meiner Familie Weihnachten feiere,

ist das immer auch ein Ausflug in meine

Kindheit.

Eine kleine Baumkunde

Europäer wünschen sich für ihr Weihnachtsfest nach wie vor einen echten, authentischen Weihnachtsbaum, der in der Natur gewachsen ist. Zwar haben auch hierzulande immer mehr Menschen Skrupel, einen Baum „nur für Weihnachten zu fällen", doch einen Plastikbaum stellen sich trotzdem nur wenige gerne in ihr Wohnzimmer. Dabei schließen sich natürliche Bäume und Umweltbewusstsein keineswegs aus. Wer keinen Raubbau an unserer Umwelt betreiben möchte, sollte einheimischen Nadelbäumen den Vorzug vor Importen geben oder sich gezielt nach Weihnachtsbäumen aus Durchforstungsarbeiten erkundigen. Dies sind Nadelbäume, die natürlich im Wald wachsen und ohnehin gefällt werden müssen, etwa weil sie Wege versperren oder anderen Pflanzen das Licht oder Lebensraum rauben. Wollen Sie in ökologischer Hinsicht auf Nummer sicher gehen? Immer mehr heimische Anbieter von Weihnachtsbäumen erlauben, dass ihre Kunden selbst Hand anlegen. So können Sie den Baum Ihrer Wahl mit Axt oder Säge selbst fällen. Dieser vorweihnachtliche Ausflug wird auch Kindern sehr viel Spaß machen. Wer einen Garten hat, kann seinen Weihnachtsbaum auch selbst ziehen und ihn samt Ballen in einem Kübel ins Haus holen. Hat er seine Aufgabe dann erfüllt, kommt er zurück in den Garten und kann dort weiterwachsen.

Mein Vater hat mich einmal gefragt, was ich mir denn vom Christkind wünschte:

„Einen ganz, ganz schönen Weihnachtsbaum!"

Was steht in unseren Wohnstuben?

Mehr als 28 Millionen Weihnachtsbäume schmücken zu Weihnachten die „gute Stube“ in Deutschland, in Österreich sind es 2,5 Millionen und in der Schweiz rund eine Million. Beliebt sind vor allem Tannen und Fichten. Im Unterschied zu Tannenbäumen sind die Nadeln der Fichten spiralförmig um den Zweig angeordnet und relativ hart. Reißt man eine Nadel heraus, sieht man am unteren Ende ein kleines weißes Fähnchen. Tannennadeln wachsen dagegen zweizeilig am Zweig und sind weicher als Fichtennadeln. Häufig besitzen sie an der Unterseite weißliche Streifen. Am leichtesten kann man die beiden Gattungen an den Zapfen unterscheiden: Tannenzapfen stehen aufrecht auf den Zweigen, Fichtenzapfen hängen dagegen nach unten.

Die meisten Weihnachtsbäume, die ihren Weg in unsere Wohnzimmer finden, werden auf speziellen Plantagen gezüchtet. Die größten dieser Kulturen befinden sich in Skandinavien. Die besonders hoch gewachsenen Bäume, die zur Weihnachtszeit viele Marktplätze schmücken, stammen häufig aus dem Schwarzwald. Bis ein Weihnachtsbaum seine stattliche Höhe erreicht hat, geht einige Zeit ins Lande: Ein Baum, der 1,50 Meter hoch ist, ist ungefähr acht Jahre alt, ein zwei Meter hohes Exemplar zwischen zehn und zwölf Jahre.

Wannersche Weihnachtsdekoration an einem Basler Luxushotel.

Welcher Baum darf es sein?

Wie bei so vielen Dingen hat der Käufer heute auch bei Weihnachtsbäumen die Qual der Wahl. Die wichtigsten Baumarten mit ihren ganz besonderen Eigenschaften möchte ich Ihnen hier gerne näher vorstellen.

Die *Nordmanntanne (Abies nordmanniana)* benötigt zwölf bis fünfzehn Jahre, um Zimmerhöhe zu erreichen. Aus diesem Grund ist sie mit Abstand der teuerste Weihnachtsbaum, aber auch einer der beliebtesten. Die Nordmanntanne stammt ursprünglich aus dem Kaukasus und wird in unseren Breiten nur für Weihnachtsbaumzwecke auf speziellen Plantagen angebaut. Wichtigster Lieferant ist hier Dänemark mit einem Bestand von rund 100 Millionen Nordmanntannen, von denen jedes Jahr etwa fünf Millionen exportiert werden. Die Nordmanntanne zeichnet sich durch glänzende, tiefgrüne, sehr dichte und feste Nadeln aus und hält selbst in beheizten Räumen sehr lange. Ihre gleichmäßige Wuchsform macht sie zu dem Weihnachtsbaum schlechthin: Etwa 75 Prozent aller Weihnachtsbäume sind Nordmanntannen.

Die *Rotfichte (Picea rubens)*, im Volksmund oft auch Rottanne genannt, ist der wichtigste und häufigste Baum in europäischen Wäldern – und daher auch der klassische Weihnachtsbaum in vielen Stuben. Wegen ihrer Häufigkeit gehört sie zu den preiswerten Weihnachtsbäumen. Die Rotfichte hat leider auch einen Nachteil: Ihre Nadeln beginnen in warmen Räumen schon nach wenigen Tagen zu rieseln. Wenn Sie sich für diesen Baum entscheiden, sollten Sie ihn also erst kurz vor dem Fest frisch schlagen und möglichst lange draußen stehen lassen. Die Nadeln der Rotfichte sind dunkelgrün, vierkantig und laufen stachelig spitz zu. Die dicht stehenden Zweige wachsen leicht nach oben.

Die *Douglasfichte* oder *Douglasie (Pseudotsuga menziesii)* stammt ursprünglich aus Nordamerika, wird seit dem 19. Jahrhundert jedoch auch in Mitteleuropa gezüchtet. Sie kann sehr viel Feuchtigkeit speichern, deshalb hält sie sich auch in trockener Zimmerluft sehr lange. Da ihre Zweige sehr dünn und biegsam sind, ist sie nur für leichten Baumschmuck geeignet. Ihre weichen, intensiv grünen Nadeln stehen zweizeilig und verströmen einen intensiven Zitrusduft. Oft wächst die Douglasfichte etwas unregelmäßig.

Die *Blaufichte (Picea pungens)*, auch als Stechfichte, Blau- oder Edeltanne bekannt, stammt ursprünglich aus den Rocky Mountains. Ihren

Namen hat sie dem blauen Schimmer ihrer stachelig spitzen Nadeln zu verdanken. Wie intensiv dieser Blauton ist, hängt vom Baumtyp und von der Witterung ab. Ihr großer Vorteil als Weihnachtsbaum: Sie behält ihre Nadeln relativ lange und verströmt ein intensives Aroma, das sie sehr nach Wald duften lässt.

Meist wächst die Blaufichte sehr gerade, auch ihre starken Äste sind sehr gleichmäßig und stehen gerade ab. Deshalb ist die Blaufichte gut für schweren Baumschmuck und echte Kerzen geeignet.

Die *Weißtanne (Abies alba)*, auch Silbertanne genannt, wächst vor allem in den Gebirgen Süd- und Mitteleuropas. Ihren Namen verdankt sie ihrer auffallenden weißgrauen Rinde. Früher war sie ein sehr beliebter Weihnachtsbaum, doch heute sollte man sie aus ökologischen Gründen nicht mehr kaufen, denn ihr Bestand hat in den letzten 200 Jahren stark abgenommen, sodass sie in Deutschland sogar als gefährdet gilt. Ihre leuchtend grünen Nadeln stehen in zwei Zeilen an den Trieben, sind flach und an der Spitze eingekerbt.

Die *Weymouthskiefer (Pinus strobus)* stammt aus Nordamerika und ist ausgesprochen frosthart. Deshalb können Sie sie schon früh kaufen und bis zum Fest draußen lagern. Dass sich die Weymouthskiefer bisher keiner allzu großen Beliebtheit erfreut, liegt vermutlich daran, dass sie sehr breit wächst und daher viel Platz benötigt. Am besten kommt diese blaugrüne Konifere mit natürlichem Schmuck wie Strohsternen oder Äpfeln in einer rustikalen Umgebung zur Geltung.

Der Preisknaller unter den Weihnachtsbäumen ist die *Fichte (Picea abies)*, doch dafür hält sie auch nicht lange: In warmen Räumen beginnt sie schon nach wenigen Tagen zu nadeln. Schlagen Sie Fichten also erst kurz vor dem Fest, wenn sie von Ihrem Weihnachtsbaum auch etwas haben wollen. Ihre dunkelgrünen Nadeln wachsen spiralförmig um den Baum und stechen nur mäßig.

Die *Kiefer (Pinus sylvestri)* besticht mit ihrem interessanten Wuchs. Zunächst wächst sie kegelförmig, später entwickelt sie eine flache bis kugelige Krone. Ihre dunkelgrünen Nadeln sind weich und viel länger als die der Fichten oder Tannen. Sie stehen dicht beieinander und verleihen der Kiefer ein buschiges Aussehen. Obwohl sich dieser Nadelbaum auch in der Wohnung lange hält und sehr schön nach Wald duftet, ist er in Deutschland als Weihnachtsbaum nicht besonders beliebt. Dafür schmücken seine Zweige oft große und kleine Vasen.

Die schönste Blaufärbung aller Tannen hat die *Coloradotanne (Abies concolor)*. Sie ist jedoch sehr kälteempfindlich und lässt sich daher in Mitteleuropa nur schwer ziehen. Das wirkt sich natürlich auch auf ihren Preis aus: Die Coloradotanne gehört nicht zu den billigsten Weihnachtsbäumen. Sie besticht jedoch nicht nur durch ihre wunderschönen langen und silbergrauen Nadeln, sondern auch durch ihren herrlichen Zitrusduft. Ein solch edler Baum will natürlich glamourös geschmückt werden.

Ein echter Geheimtipp unter den Weihnachtsbäumen ist die *Japantanne (Abies homolepis)*. Wie ihr Name verrät, stammt sie aus Asien, gedeiht jedoch auch in Europa vorzüglich. Die Japantanne hat zwei große Vorteile: Sie ist preiswert und hält auch in der trockenen Zimmerluft lange. Ihre hellgrünen Nadeln wachsen sehr regelmäßig. Am besten wirkt sie, wenn sie auf traditionelle Weise geschmückt wird.

Auch die *Mädchenkiefer (Pinus parviflora glauca)* stammt ursprünglich aus Japan und erinnert ein wenig an einen zu groß geratenen Bonsai. Auffällig an ihr ist ihr unregelmäßiger Wuchs. Wer sich ein echtes Unikat für sein Wohnzimmer wünscht, kann diese Unregelmäßigkeit noch mit einem avantgardistischen Dekorationsstil unterstreichen. Auch goldener Schmuck kommt hier hervorragend zur Geltung. Der große Nachteil dieses Nadelbaums mit kurzen, bläulichen, intensiv duftenden Nadeln: Er ist sehr teuer.

Ein sehr modischer und eleganter Baum ist die *Schlangenhautkiefer (Pinus heldreichi leucodermis)*. Dieser Baum mit seinen langen Nadeln kann extravaganten Baumschmuck gut vertragen. Da seine Zweige in großen Abständen wachsen, eignen sich auch Lametta oder lang gezogene Objekte hervorragend als Christbaumschmuck.

Es treibt der Wind im Winterwalde
die Flockenherde wie ein Hirt,
und manche Tanne ahnt, wie balde
sie fromm und lichterheilig wird.
Und lauscht hinaus. Den weißen Wegen
streckt sie die Zweige hin – bereit
und wehrt dem Wind und wächst entgegen
der einen Nacht der Herrlichkeit.

Rainer Maria Rilke

Plastikbäume – eine umweltfreundliche Alternative?

Erwähnt man in Deutschland, Österreich oder der Schweiz das Wort „Plastikbaum“, bekommt man einen allgemeinen Aufschrei der Empörung zu hören: Nein, ein Weihnachtsbaum muss unbedingt echt sein – sonst ist es kein richtiges Weihnachtsfest! In den USA verhält es sich anders: Hier haben die künstlichen Weihnachtsbäume ihren Brüdern aus dem Wald schon den Rang abgelaufen. Aber genau von dieser vermeintlichen Plastik- und Wegwerfgesellschaft der USA wollen wir uns ja abheben – nur ist leider in diesem Fall der natürliche Weihnachtsbaum das Wegwerfprodukt. Er wird nach den Feiertagen entsorgt, während sein Plastikbruder zusammengefaltet, im Keller oder auf dem Dachboden verstaut und am nächsten Weihnachtsfest wieder aufgebaut wird. Er ist fast unverwüstlich, nadelt nicht und ist meist aus schwer entflammbarem Material – auch echte Kerzen werden hier also nicht zum Risiko. Entscheidet man sich für ein etwas teureres Modell, sieht der künstliche Baum einem echten sogar zum Verwechseln ähnlich. Und wer seinen Kunstbaum trotzdem wieder loswerden möchte, kann ihn häufig beim Hersteller zurückgeben und ihn so recyceln lassen.

Warum halten trotzdem so viele Menschen an einem Naturbaum fest? Ganz einfach: Ein „echter“ Baum ist über Jahre vom Setzling zum großen Baum gereift und wurde nicht am Fließband in einer Fabrik erzeugt. Er ist ein Unikat, denn kein Baum ist wie der andere, auch wenn sie alle auf Plantagen speziell für Weihnachten gezüchtet wurden. Ein Naturbaum besitzt die Würde, die dem Weihnachtsfest, dem höchsten aller christlichen Feste, angemessen ist. Welche Argumente letztendlich den Ausschlag geben und ob Sie nun einen Natur- oder einen Kunstbaum bevorzugen, muss jedoch jeder von Ihnen selbst entscheiden.

Für mich als Deko-Künstler hat eine Eigenschaft jedoch Vorrang vor allen anderen: haltbare Ästhetik. Von der Arbeit her sind Kunstbäume fantastisch. Bei einigen Bäumen merkt man gar nicht, dass sie künstlich sind. Aber es geht beim Weihnachtsbaum ja nicht nur um die optische Wahrnehmung, sondern auch das Gefühl spielt dabei eine Rolle. Um auch den Geruch eines echten Baumes zu bekommen, können Sie zum Beispiel einen echten Ast unter den künstlichen Baum legen.

Wie bleibt der Baum am längsten frisch?

Wie Sie bereits bei den unterschiedlichen Baumarten erfahren haben, halten manche Bäume länger, manche wiederum verlieren schon nach kurzer Zeit ihre Nadeln. Lang haltbar sind zum Beispiel Nordmanntannen oder Douglasfichten. Die gemeine Fichte dagegen beginnt bereits nach wenigen Tagen zu nadeln. Doch es gibt einige Tricks, mit denen Sie Ihren Baum länger frisch halten können.

Anfangen können Sie damit bereits beim Kauf. Etwa 70 Prozent unserer Weihnachtsbäume stammen aus heimischen Baumschulen oder Plantagen, werden dort jedoch bereits Anfang November geschlagen. Die übrigen 30 Prozent kommen vor allem aus Dänemark, aber auch aus Polen oder sogar Irland. Bevor sie bei uns in den Handel gelangen, haben sie also schon lange Transportwege hinter sich. Ein Baum, der am Heiligen Abend aufgestellt wird, ist häufig also schon bis zu acht Wochen „alt"! Dazu kommt noch, dass Weihnachtsbäume, die auf Plantagen gezogen werden, vielen Chemikalien ausgesetzt werden – darunter Kunstdünger, Pestizide und Herbizide, die Krankheiten und Schädlingen zu Leibe rücken sollen. Auch das kann sich auf die Haltbarkeit der Bäume auswirken.

Kaufen Sie Ihren Weihnachtsbaum nicht zu früh, damit er nicht so lange auf seinen großen Auftritt warten muss. Lassen Sie sich aber auch nicht allzu viel Zeit, denn sonst sind die besten Bäume bereits ausgesucht – für Sie bleibt dann vielleicht nur ein „Charakterbaum" übrig, der zwar durchaus seinen ganz eigenen Charme versprühen kann, häufig aber nicht so toll aussieht. Am besten ziehen Sie zwischen dem 12. und 17. Dezember los. Planen Sie für den Weihnachtsbaumkauf genügend Zeit ein, damit Sie auch garantiert einen finden, der Ihren Wünschen entspricht. Wenn Sie beim ersten Händler nicht fündig werden, macht das gar nichts. Beim nächsten kann es schon wieder ganz anders aussehen!

Für welchen Baum Sie sich entscheiden, wird auch davon beeinflusst werden, wie Sie ihn schmücken wollen. Bei einem Baum mit blaugrünen Nadeln sehen goldene oder silberne Kugeln zum Beispiel besser aus als rote. Diese wiederum kommen an einem Baum mit leuchtend grünen Nadeln am besten zur Geltung. Wer seinen Baum mit Lametta dekorieren möchte, sollte sich für einen Baum entscheiden, dessen Äste in weiterem Abstand voneinander stehen. Haben Sie kleine Kinder? Dann sollten Sie sich für einen Baum entscheiden, dessen Nadeln nicht allzu spitz sind. So können sich die Kleinen nicht stechen, wenn sie beim Baumschmücken mithelfen.

Am wichtigsten ist jedoch, dass Ihr Weihnachtsbaum auch frisch ist, damit er nicht schon vor dem Fest zu nadeln anfängt. Doch woran erkennen Sie das? Werfen Sie zunächst einen Blick auf die Schnittstelle. Bei frisch geschlagenen Bäumen sollte diese weiß sein. Je länger der Baum schon herumliegt, desto grauer wird die Schnittstelle. Auch die Nadeln verraten Ihnen, ob Ihr Baum noch frisch ist. Sie sollten sie noch biegen können, ohne dass sie brechen – dann ist Ihr Baum in Ordnung. Wenn die Nadeln jedoch leicht abbrechen oder sich knicken lassen, ist der Baum bereits sehr trocken und wird vermutlich nicht mehr allzu lange halten.

Am besten lassen Sie sich den Baum vom Händler zusammenbinden oder in ein Gitternetz stecken, denn so lässt er sich leichter transportieren. Bringen Sie ihn jedoch nicht auf dem Autodach nach Hause, denn der Fahrtwind entzieht dem Baum viel Feuchtigkeit. Falls es nicht anders geht, können Sie den Baum mit einer Folie schützen. Befestigen Sie ihn sorgfältig, denn sonst kann Ihnen eine Geldbuße drohen. Ragt der Baum mehr als einen Meter über das Heck hinaus, müssen sie ein rotes Tuch ans Stammende binden, um den Verkehr hinter Ihnen zu warnen. Zu Hause angekommen, packen Sie den Baum noch nicht aus, sondern lassen ihn eingewickelt und lagern ihn auf dem Balkon, im Garten, im Keller oder in der Garage. Selbst wenn ein Nadelbaum gefällt ist, gibt er noch einige Tage seinen Saft an die Nadeln weiter. Doch dazu darf er nicht zu warm stehen, denn sonst trocknet er aus. Um Ihrem Baum etwas Gutes zu tun, während er auf seinen großen Auftritt wartet, können Sie ihn am Fuß etwa drei Zentimeter absägen und ihn dann in einen Eimer mit Wasser und einem Viertelliter Glyzerin (alternativ: einige Löffel Zucker oder Blumenfrischhaltemittel) stellen – so bleibt er länger frisch. Zusätzlich können Sie den Baum ab und zu von oben mit einem Schlauch oder einer Gießkanne benetzen.

Gehören Sie zu den Menschen, die Ihren Weihnachtsbaum nach dem Fest wieder in den Garten pflanzen wollen? Dann sollten Sie aufpassen, dass ihn sein Gastspiel im Wohnzimmer nicht allzu sehr strapaziert. Bringen Sie einmal täglich mit einem Wasserzerstäuber etwas Feuchtigkeit auf die Nadeln und lassen Sie den Baum nicht länger als zehn Tage im Warmen stehen.

Damit es Ihrem Baum gut geht, sollten Sie ihn nicht direkt neben die Heizung stellen und die Heizung über Nacht abstellen, damit sich der Baum ein wenig erholen kann.

Der Traum

Ich lag und schlief; da träumte mir
ein wunderschöner Traum:
Es stand auf unserm Tisch vor mir
ein hoher Weihnachtsbaum.

Und bunte Lichter an der Zahl,
die brannten ringsumher;
die Zweige waren allzumal
von goldnen Äpfeln schwer.

Und Zuckerpuppen hingen dran;
das war mal eine Pracht!
Da gab's, was ich nur wünschen kann
und was mir Freude macht.

Und als ich nach dem Baume sah
und ganz verwundert stand,
nach einem Apfel griff ich da,
und alles, alles schwand.

Da wacht' ich auf aus meinem Traum,
und dunkel war's um mich.
Du lieber, schöner Weihnachtsbaum,
sag' an, wo find ich dich?

Da war es just, als rief er mir:
„Du darfst nur artig sein!";
dann steh' ich wiederum vor dir;
jetzt aber schlaf nur ein!

Und wenn du folgst und artig bist,
dann ist erfüllt dein Traum,
dann bringet dir der heil'ge Christ
den schönsten Weihnachtsbaum.

Heinrich Hoffmann von Fallersleben

Der Christbaumständer

Ein Weihnachtsbaum steht ja nicht einfach so im Wohnzimmer – damit er schön gerade an Ort und Stelle bleibt, brauchen Sie einen Christbaumständer. Meist besteht dieser aus einer runden Form, die einem Blumentopf ähnelt und mit Wasser gefüllt werden kann. Darin befindet sich eine Haltevorrichtung aus Metall, die dafür sorgt, dass der Baum auch senkrecht steht. Festgehalten wird der Baum mit Schrauben, einem Drahtseil oder auch einem Dorn, auf den er gesteckt wird. Moderne Christbaumständer haben zusätzlich einen Wassertank, damit der Baum länger frisch bleibt. Oft informiert ein Wasserstandsanzeiger (Schwimmer), wann Wasser nachgefüllt werden muss.

Der modernste Stand der Technik sind heute Seilzug-Ständer, die sehr einfach funktionieren: Sie setzen den Baum in den Ständer, treten ein paar Mal auf das Fußpedal und der Baum steht – und zwar gerade.

Egal, für welche Art Christbaumständer Sie sich entscheiden, eines sollten Sie immer tun: Schneiden Sie den Baum frisch an, bevor Sie ihn aufstellen. Dazu sägen Sie eine drei Zentimeter dicke Scheibe vom Stamm ab.

Die ganze Familie scharte
sich um den Weihnachtsbaum
und sang zusammen

Weihnachtslieder

Wie lange steht der Baum

Im evangelischen Raum wird der Weihnachtsbaum traditionell am Dreikönigstag, am 6. Januar, abgeschmückt und entfernt. In katholischen Familien blieb er häufig bis zum Fest der Darstellung des Herrn (Mariä Lichtmess) am 2. Februar stehen, denn dies bedeutete traditionell das Ende der Weihnachtszeit. Doch die Liturgiereform unter den Päpsten Paul VI. und Johannes Paul II. ließ die Weihnachtszeit nun mit dem Fest der Taufe des Herrn, also am ersten Sonntag nach Epiphanias, enden und so verabschieden sich auch viele Katholiken bereits früher von ihren Weihnachtsbäumen.

Und dann? Wenn der Weihnachtsbaum seinen Dienst getan und strahlende Festtagsstimmung in Ihr Wohnzimmer gezaubert hat, ereilt ihn das grausame Los aller Weihnachtsbäume: Er wird abgeschmückt und entsorgt – entweder klein gehackt in der Biotonne, in einem Wertstoffhof oder über die Grünschnittabfuhr. Einige Gemeinden unterhalten auch spezielle Weihnachtsbaumsammelstellen, bei denen Sie Ihren ausgedienten Baum abgeben können, oder örtliche Vereine oder städtische Unternehmen sammeln die alten Christbäume ein. Wenn Ihr Weihnachtsbaum aus einer Baumschule oder Gärtnerei stammt, können Sie nachfragen, ob Sie ihn dort auch wieder zurückgeben können. Auch nach ihrer großen Aufgabe an Weihnachten sind die Bäume übrigens noch zu etwas nutze: Meist werden sie gehäckselt und kompostiert oder landen als Mulch in öffentlichen Anlagen. Die Zweige können Sie auch dazu nutzen, Beete in Ihrem Garten abzudecken und sie so vor Frost zu schützen. Wenn sie noch nicht ausgetrocknet sind, können sie auch Zoo- oder Zirkustieren wie Elefanten als Nahrung dienen. Egal, wohin Sie Ihren Weihnachtsbaum bringen, auf eines sollten Sie achten: Entfernen Sie allen Christbaumschmuck, vor allem Lametta, sehr sorgfältig, denn Lametta enthält oft Schwermetalle.

Das bringt Glück: ein Baum voller Fliegenpilze.

Wie kamen die Menschen *auf die Kugel*

Christbaumkugeln gehören mindestens ebenso zum Weihnachtsfest wie der Weihnachtsbaum selbst oder für viele Menschen die Geschenke. In klassischem Rot, modernem Beige oder mystischem Schwarz funkeln sie im Kerzenschein und harmonieren mit dem Grün der Zweige. Doch so lange gibt es diese weihnachtlichen Symbole noch gar nicht, denn vor dem 19. Jahrhundert wurde der Christbaum vor allem mit Äpfeln, Zuckerzeug und anderen Leckereien geschmückt. Später wurde dieser Christbaumschmuck dann mit Silber oder Gold verziert. Zusätzlich wurden Weihnachtsbaumanhänger aus Papier gebastelt und bunt eingefärbt.

Eine Industrie, die sich mit der Herstellung von Christbaumschmuck beschäftigte, gab es zu dieser Zeit noch nicht. Der Baumschmuck wurde in den Familien selbst gefertigt – und zwar jedes Jahr aufs Neue, denn viele der Baumanhänger wurden ja verzehrt. Im Laufe der Zeit wurden Äpfel und Nüsse dann jedoch ganz in Silber oder Gold eingefärbt und damit unverzehrbar gemacht. Damit waren sie bereits Vorläufer der modernen Christbaumkugeln, mussten jedoch ebenfalls – zumindest die Äpfel, die ja irgendwann verfaulen – jedes Jahr aufs Neue angefertigt werden.

Glas – ein faszinierender Stoff

Glas ist ein ungemein faszinierender Werkstoff. Es ist hart und zart zugleich, lässt sich färben und formen, kann gewalzt und gepresst, gegossen und geblasen werden. Man kann Glas bemalen, bedrucken, ritzen und ätzen, es lässt sich auf viele Weisen bearbeiten und mit einfachen technischen Mitteln in die herrlichsten Kunstwerke verwandeln. Am Weihnachtsbaum funkeln und glitzern gläserne Kugeln im Schein der Kerzen und sorgen so für eine magische Weihnachtsstimmung. Handgefertigte Weihnachtskugeln aus Glas sind immer Unikate: Sie sind nicht gleichmäßig rund und glatt wie maschinell gefertigte Kugeln, sondern haben sanfte Wölbungen und leichte Dellen. Keine Kugel ist wie die andere, und doch ist jede von ihnen etwas ganz Besonderes.

Auch an den Wanner-Bäumen funkeln mundgeblasene Glasobjekte. Die Glasbläser in ihren Familienbetrieben im Thüringer Wald, in Tschechien und Polen schaffen es sehr schön, in ihren Kunstwerken Tradition und Moderne zu vereinen und meine formalen und farbigen Vorgaben so umzusetzen, dass am Ende wunderschöne Glasarbeiten mit feinen Formen und vielen Details entstehen.

Schon in der Antike wurden Glasobjekte übrigens nicht nur für alltägliche Gebrauchszwecke, sondern auch zur Dekoration eingesetzt. Wann die Menschen genau entdeckten, dass Quarzsand, Kalk und Soda, wenn sie bei 1400 Grad miteinander verschmolzen werden, den herrlichen Stoff Glas hervorbringen, ist jedoch nicht bekannt. Vermutlich kamen die Ägypter als erste Menschen zufällig diesem wundervollen Geheimnis auf die Spur, als sie versuchten, Glasuren für Töpferwaren herzustellen. Das legen zumindest Glasstücke nahe, die in Ägypten gefunden wurden und auf die Zeit um 5000 vor Christus datiert werden. Sie gelten als die ältesten Glasstücke überhaupt. Von Ägypten gelangte der neue Stoff dann über Griechenland nach Rom und von dort aus zu allen anderen europäischen Völkern. Bis die Kunst der Glasbläserei entwickelt wurde, sollte es jedoch noch ein wenig dauern: Im ersten Jahrhundert nach Christi Geburt entdeckten die Phönizier, dass sich heißes Glas mit dem Mund in Form blasen lässt.

Für die Glasbereitung wurden riesige Mengen Holz benötigt, um die Hüttenöfen zu befeuern. So entstanden im 16. und 17. Jahrhundert die ersten Glashütten im Thüringer Wald, im Erz- und Riesengebirge sowie im Böhmerwald. Die erste Glashütte im Thüringer Wald, im Volksmund als „Mutterglashütte" bekannt, wurde 1597 von den Glasermeistern Hans Greiner und Christoph Müller errichtet. In den Jahren bis 1923 folgten 16 weitere. Zunächst wurde dort einfaches Gebrauchsglas hergestellt, zum Beispiel Trinkgläser, Bierhumpen, Butzenscheiben oder Fläschchen für die Heilkräuterindustrie. Schon bald gelangte das Lauschaer Glas auch in andere Teile Deutschlands.

Damals wie heute orientierte sich das Design der Glasobjekte an künstlerischen und historischen Vorbildern und Ideen aus aller Welt. Schon früh waren venezianische Ornamente beliebt, die selbst wiederum zu einem Teil auf islamische Einflüsse zurückgehen. Venedig war im 14. Jahrhundert zur führenden europäischen Handelsmacht aufgestiegen. Zu dieser Zeit erlebte auch die venezianische Glaskunst, vor allem auf der Insel Murano, ihre Blütezeit und gelangte auf den Handelsrouten und Handelsschiffen in alle Herren Länder. Ihre Eleganz, Formen und Muster prägen bis heute die gesamte Glaskunst – auch die der Thüringer Christbaumkugelhersteller.

Glaskugeln aus Gablonz, Danzig und Thüringen

Dass die Christbaumkugel ihren Siegeszug in die weihnachtlichen Wohnstuben der Welt antreten konnte, hat sie eigentlich einem eher traurigen Umstand zu verdanken. Mitte des 19. Jahrhunderts gerieten nämlich die Glasbläser im Thüringer Wald in arge Existenznöte. Der Handel mit Glasbechern und Glasflaschen lief schleppend. Perlenimitationen (genannt Fischsilberkügelchen), aus denen unter anderem Hutdekorationen und Brautkronen gefertigt wurden, mochte niemand mehr sehen. Und auch die wachsgefüllten Glasperlenschnüre, die die schlanken Hälse der Damen von Welt geziert hatten, wurden nun kaum mehr nachgefragt. Wie so vieles war auch die Arbeit der Glasbläser den ständig wechselnden Launen der Mode zum Opfer gefallen. Was also tun? Not macht bekanntlich erfinderisch und so widmeten sich die Glasbläser zunächst der Produktion von Glasspielzeug. Doch dann begannen sie, mit der Herstellung von Christbaumschmuck zu experimentieren – und setzten damit eine einzigartige Erfolgsgeschichte in Gang. Sie bliesen ihre Glasperlen nun einfach etwas größer – so groß, bis sie in etwa die Größe von Äpfeln erreicht hatten.

Eine andere Legende besagt, dass die Christbaumkugeln aus Glas im Jahr 1847 von einem armen Glasbläser aus Lauscha erfunden wurden. Er konnte sich angeblich die teuren Walnüsse und Äpfel als Baumschmuck nicht leisten und beschloss daher, künstlichen Schmuck anzufertigen. Belegt ist diese Geschichte jedoch nirgends – und auch das Glas musste der Glasbläser ja irgendwo her beziehen, umsonst wird er es vermutlich kaum bekommen haben.

Doch egal, wer nun aus welchem Grund die erste Christbaumkugel aus Glas geschaffen hat – eines ist jedenfalls belegt: Im Auftragsbuch eines Lauschaer Glasbläsers aus dem Jahr 1848 ist ein Auftrag über sechs Dutzend „Weihnachtskugeln“ in drei verschiedenen Größen von zweieinhalb bis sechs Zentimeter vermerkt. Zu dieser Zeit wurden die Kostbarkeiten aus Glas also bereits verkauft und nicht nur für den eigenen Gebrauch gefertigt. In den folgenden Jahren und Jahrzehnten entstand in Lauscha ein Handwerkszweig, der bis heute das Leben in dem Thüringer Städtchen prägt. Mundgeblasener und handbemalter Christbaumschmuck aus Lauscha ist heute, nach mehr als 150 Jahren, begehrter denn je.

Die ersten Christbaumkugeln von 1848 sahen bereits so aus, wie wir sie heute kennen. Die Verspiegelung ihrer Oberflächen wurde damals noch mit einer gesundheitsschädlichen Zinn-Blei-Legierung geschaffen. Später wurde diese dann von Silbernitrat abgelöst, das auch heute noch verwendet wird. Einen Aufschwung erfuhr das noch junge Gewerbe 1867, denn zu dieser Zeit wurde in Lauscha eine Gasanstalt errichtet.

Christbaum

Wie schön geschmückt der festliche Raum!
Die Lichter funkeln am Weihnachtsbaum!
O fröhliche Zeit! O seliger Traum!

Die Mutter sitzt in der Kinder Kreis;
nun schweiget alles auf ihr Geheiß:
Sie singet des Christkinds Lob und Preis.

Und rings, vom Weihnachtsbaum erhellt,
ist schön in Bildern aufgestellt
des heiligen Buches Palmenwelt.

Die Kinder schauen der Bilder Pracht
und haben wohl des Singens Acht,
das tönt so süß in der Weihenacht!

O glücklicher Kreis im festlichen Raum!
O goldene Lichter am Weihnachtsbaum!
O fröhliche Zeit! O seliger Traum!

Peter Cornelius

Bisher waren die Bunsenbrenner der Glasbläser mit Rüböl und Paraffin betrieben worden, doch nun konnten sie die sehr viel heißere Gasflamme als Energiequelle nutzen. Dies ermöglichte das Blasen großer und dünnwandiger Kugeln, sodass die Kostbarkeiten aus Glas nun endgültig in großen Massen hergestellt werden konnten.

Die schlichten Kugeln aus buntem oder verspiegeltem Glas setzten sich schnell durch und wurden schon bald in großen Mengen produziert und verkauft. Mit der Gründung des Kaiserreichs 1871 erhielt dieses Gewerbe einen neuen Schub, denn vor allem Bismarck war ein großer Anhänger des deutschen gläsernen Christbaumschmucks. Im Zeitalter der Industrialisierung nahm dieser Industriezweig daher eine wichtige Rolle ein. Doch die Kugeln wurden nicht nur in großer Zahl hergestellt, sie wurden auch immer ausgefallener. Durch eine Beklebung mit Glimmer wurden Muster erzeugt oder die Kugeln wurden aufwendig bemalt. Auch die Glasbläser verfeinerten ihr Handwerk und lieferten neben einfachen Kugeln nun auch die verschiedensten Figuren aus Glas: Äpfel, Birnen, Trauben, Eicheln, Nüsse, Tannenzapfen, Kännchen, Sterne, Vögel, Häuschen oder Schiffchen entstanden, indem die noch heißen und weichen Glaskugeln in Formzangen gepresst wurden. Auch sie wurden anschließend farbig bemalt oder verspiegelt. Schon 1939 waren 5000 verschiedene gläserne Christbaumartikel erhältlich. Einige Künstler schufen aus dem Glas sehr filigrane Objekte, wie zum Beispiel Engel mit Trompeten und beweglichen Flügeln. Sie dienten meist als Geschenke für besonders gute Kunden.

Deutsches Kunsthandwerk für die ganze Welt

Aus den deutschen Produktionsstätten gelangten die Christbaumkugeln schon bald in den Rest der Welt. 1880 importierte der amerikanische Geschäftsmann Franklin Winfield Woolworth (1852–1919) die ersten Christbaumkugeln in die USA. Dort war die Nachfrage nach den glänzenden Kugeln aus Deutschland groß, und die Produktion konnte stark ausgeweitet werden.

Einen weiteren Aufwind erhielt der noch junge Industriezweig durch die Gründung der Glasbläser-Genossenschaft des Meiniger Oberlandes 1907. So erfolgreich waren die Glasbläser mit dem Export ihrer filigranen Schmuckstücke, dass sie sogar die Auswirkungen der Inflation und Wirtschaftskrise in Deutschland mildern konnten.

Solch eine Erfolgsgeschichte bleibt natürlich nicht unbemerkt, und so gab es bald Konkurrenz für die Thüringer Glasbläser. Schon vor dem Ersten Weltkrieg war eine Wiener Firma in die Produktion von Christbaumkugeln eingestiegen, in den Zwanzigerjahren machte man den Thüringern dann auch im böhmischen Gablonz Konkurrenz. Auch die Produkte aus Gablonz entwickelten sich zu Marktschlagern, sahen allerdings ganz anders aus wie der Christbaumschmuck aus Thüringen. Hier fertigte man Objekte aus winzigen Glasperlen, die gefädelt und mit leonischen Drähten gewirkt wurden. Auch heute noch besticht der Gablonzer Perlenschmuck durch seine einzigartige Qualität und Gestalt. Deshalb lasse auch ich einen Teil meiner besonders fein gearbeiteten Perlengespinste in den Gablonzer Traditionswerkstätten herstellen. Später drängten dann auch noch Unternehmen aus Polen, den USA und Asien auf den Markt. Doch in Sachen Qualität stehen die europäischen Traditionswerkstätten nach wie vor an erster Stelle. Und die Kunden, vor allem Sammler, wünschen sich heute Weihnachtsschmuck vom Feinsten.

Nach dem Zweiten Weltkrieg lief die Herstellung von Christbaumkugeln in der DDR in den Volkseigenen Betrieben (VEB) Glaskunst und Glasschmuck ab. Dort konnten maschinell große Stückzahlen des beliebten Weihnachtsschmucks gefertigt werden, doch die Weihnachtsindustrie kränkelte und musste mit staatlichen Subventionen am Leben gehalten werden. Mit

Meine Lieblingskugel ist die schwarze Kugel.
Sie wirkt wie ein schwarzer Spiegel…

Schuld an dieser Misere war die Konkurrenz von einer ganz anderen Seite: Seit den Fünfzigerjahren werden Christbaumkugeln immer häufiger aus Kunststoff hergestellt, denn so sind sie weniger zerbrechlich und können in großer Stückzahl maschinell gefertigt werden. Doch wer Weihnachten liebt und seinem Baum eine besonders feierliche Note verleihen möchte, wird sich auch heute noch für handgefertigte Christbaumkugeln aus Glas entscheiden. Sie lassen den Zauber vergangener Weihnachtsfeste wieder aufleben und verbreiten einfach ihre ganz spezielle Magie. Und so wird in der Glasbläserstadt Lauscha auch heute noch gläserner Christbaumschmuck in traditioneller Handwerkskunst hergestellt. Zehn Familienbetriebe haben seit Generationen die Glasbläserkunst vom Vater auf den Sohn vererbt und hüten ihre alten Originalformen wie rare Schätze. Ihre kunstvoll gearbeiteten Christbaumkugeln sind zum Luxusartikel geworden – der sich hervorragend verkauft: Mehr als 100 Millionen Glasobjekte verlassen jedes Jahr die Werkstätten von Lauscha. Es sind jedoch nicht nur Kugeln, sondern Tausende verschiedener Christbaumartikel in den verschiedensten Stilrichtungen von historisch genau bis futuristisch. Und viele dieser Stücke tragen das Wanner-Emblem. Sie bevölkern in ihrer bunt schillernden Vielfalt Weihnachtsbäume in aller Welt und bestechen durch ihre gestalterische Originalität, formale Detailgenauigkeit und exakte Zeichnung. Jedes Jahr entspringen neue Zaubergestalten aus meiner Ideenfabrik und finden ihren Weg auf große und kleine Christbäume, auf Tannen und Fichten, in Wohnzimmer und auf Marktplätze.

Wie entsteht eine gläserne Christbaumkugel?

Jeder, der schon einmal einen Glasbläser bei der Arbeit beobachten konnte, wird diesen Anblick sein Leben lang nicht mehr vergessen. Da ist die heiße Flamme, die diesen Arbeitsplatz ein wenig gefährlich wirken lässt. Und da ist ein Glasstab, aus dem scheinbar wie durch ein Wunder plötzlich eine Blase, eine Kugel oder ein anderes filigranes Objekt entsteht. Doch wie entsteht nun eine gläserne Christbaumkugel genau?

IN FORM GEBLASEN ODER FREI GEBLASEN?

Im Gegensatz zur Glashütte, in der mit Glasschmelze aus dem Ofen gearbeitet wird, verwendet die Glasbläserei vorgefertigte Teile wie Glasröhren oder Glasstäbe, um daraus ihre Kunstwerke zu schaffen. Die Glasröhren werden in der Regel maschinell in Stücke geschnitten und an einem Ende zugeschmolzen. Der Glasbläser erhitzt über der Gasflamme die Mitte der Röhre, legt sie auf den unteren Teil einer Form, klappt den oberen Teil der Form darauf und bläst dann in das offene Ende der Glasröhre. Dadurch füllt die heiße Glasmasse die Form aus und passt sich ihrem Muster an. Im Anschluss daran wird die Form wieder aufgeklappt, die Glasfigur wird herausgenommen und abgekühlt. Auf diese Weise entstehen Tiere und Menschen, Engel und Christbaumkugeln, kurz: alles, womit man seinen Weihnachtsbaum schmücken kann, und noch viel, viel mehr.

Neben den in Form geblasenen Christbaumkugeln gibt es auch noch die frei geblasenen Kugeln. Dabei werden die vorgefertigten Glasröhren an der Gasflamme erhitzt, auseinandergezogen und ebenfalls an einem Ende zugeschmolzen. Doch nun werden die Glasröhren nicht in die Form gelegt, sondern der Aufbläser presst nun mit dem Mund Luft durch das offene Ende der Röhre in ihr Inneres und dreht die Blase rasch um ihre eigene Achse. Nun ist die Kugel fertig und kann an einem Glasspieß zum Kühlen aufgestellt werden.

Ob in Form oder frei geblasen: Wenn die Kugeln abgekühlt sind, werden sie weiter bearbeitet oder auch „fertig gemacht". Zunächst werden die Kugeln mit einer Silbernitratlösung gefüllt. Dabei werden sie geschwenkt, geschüttelt und in ein warmes Wasserbad getaucht, damit sich die metallische Flüssigkeit gleichmäßig verteilen und absetzen kann. Danach werden Farben und Muster aufgetragen, zum Beispiel indem die Kugeln in Farbe getaucht, bemalt oder bespritzt werden. Je nach gewünschtem Aussehen können die Kugeln auch in Leim getunkt und dann mit Glimmer überzogen werden. Oder man überzieht sie mit Brokat, Samt oder Papier oder umspinnt sie mit feinen Drahtgespinsten. Es gibt kaum ein Material, das heute nicht für Christbaumschmuck verwendet wird: Papier, Pappe, Pappmaschee, Folien, Porzellan, Ton, Keramik, Holz. Watte, Felle, Stoffe aller Art, Metalle, Acrylglas, Trockenfrüchte, Samen – all diese Werkstoffe geben der Christbaumkugel ihr

ganz individuelles Aussehen. Die Ergebnisse sind häufig wunderschöne Unikate, die jeden Weihnachtsbaum zu einem glänzenden Prachtstück machen.

ANDERE OBJEKTE AUS GLAS

Neben Christbaumkugeln schmücken oft noch andere Kunstwerke aus Glas den Weihnachtsbaum. Glocken, Sterne oder Christbaumspitzen können ebenfalls frei geblasen werden. Sie entstehen, indem man während des Einblasens an der erhitzen Glasröhre zieht, sie drückt oder dreht. Ungewöhnlich sind die sogenannten Reflexkugeln mit eingedrückten Seiten. Um ihnen ihr besonderes Aussehen zu geben, werden Formenstempel in die heiße Glasblase gedrückt. Tannen- oder Fichtenzapfen aus Glas werden dagegen in Form geblasen. Erst wenn die Kugel oder das Glasobjekt ganz fertig ist, wird der Glasspieß abgeschnitten. Dann wird das Hütchen draufgesetzt, an dem dann der Draht zum Aufhängen befestigt wird.

Wir bezeichnen unsere Objekte nicht mit Artikelnummern:

Jedes Objekt hat einen Namen oder sogar einen Spitznamen.

Von der Freude am Schmücken und Schenken

Wie wichtig ein feierlich geschmückter Baum für das Weihnachtsfest ist, kann gar nicht oft genug gesagt werden. Doch warum haben die Menschen die Angewohnheit, beinahe alles zu schmücken und zu verzieren?

Und seit wann machen wir uns eigentlich Weihnachtsgeschenke? Das Schmücken des Christbaums und das Schenken und Beschenktwerden machen uns an Weihnachten viel Freude – schon seit vielen, vielen Jahren.

Die hohe Kunst der Dekoration

Warum schmücken wir eigentlich unseren Weihnachtsbaum? Man könnte auch fragen: Warum stellen wir einen Blumenstrauß auf den Tisch? Warum bemalen wir unsere Wände oder hängen Bilder auf? „Damit es schön aussieht!“, lautet die oft gehörte Antwort, doch ist das wirklich der einzige Grund?

EIN BRAUCH, SO ALT WIE DIE MENSCHHEIT SELBST

Schon seit Urzeiten haben die Menschen Freude an schönen Dingen, und so finden sich bereits auf steinzeitlichen Tongefäßen einfache Muster. Irgendein findiger Töpfer hatte wohl die Idee, mit den Fingern, einem Zweig oder anderen spitzen Gegenständen Muster in den Ton zu ritzen oder mit dem Daumen Abdrücke zu hinterlassen. Diese Muster machten das Gefäß nicht praktischer oder nützlicher, sie machten es einfach nur schön anzusehen. Wahrscheinlich gab es damals schon Menschen, die über diese neumodische Art den Kopf schüttelten: „Was soll das?“, mögen sie sich gefragt haben. Doch vermutlich war die Zahl derer, die die hübsch verzierten Tongefäße bewunderten, weitaus größer. Sie wollten nun lieber eines dieser einzigartigen Gefäße haben als eines, das alle anderen auch hatten. Und auch der Töpfer war froh: Seine besonderen Gefäße

waren nicht nur beliebt, sondern er hatte auf diese Weise auch etwas geschaffen, das ihn überdauerte. Auch wenn er selbst längst gestorben war, würden die Menschen seine Gefäße in den Händen halten und an ihn denken: „Ach, der Soundso mit seinen Ideen. Einen sehr hübschen Krug hat er da gemacht."

Archäologische Funde brachten zutage, dass die Menschen schon immer Schmuck liebten: an sich selbst, aber auch an ihrem Hausrat und in ihren Wohnungen. Welchen Stellenwert die Dekorationskunst im Leben der Menschen hatte, wurde sehr stark von ihren Lebensumständen bestimmt. In Zeiten, in denen Krieg oder Hungersnöte herrschten, stand den Menschen nicht der Sinn danach, ihre Behausungen zu schmücken, denn sie mussten sich in erster Linie um ihr Überleben kümmern. Mit anderen Worten: Wenn die Menschen nichts haben, mit dem sie ihre Teller füllen können, ist es auch egal, wie diese Teller aussehen. In Friedenszeiten blühten dagegen Kunst und Kunsthandwerk. Nun genossen die Menschen wieder die Ruhe ihres Zuhauses und konnten es auch schön herrichten. Die Muster und Formen der Dekorationsobjekte spiegeln häufig den Einfluss anderer Kulturen wider, und so kann man sehr schön sehen, mit wem die Menschen Handel trieben und welche Kulturen in Sachen Geschmack den Ton angaben. Man denke nur an die Glaskunst aus dem venezianischen Murano, die im 16. und 17. Jahrhundert bis zu den Glasbläsern in den Norden gelangte und deren Muster und Formen mitprägte.

Als der erste Töpfer seinen Tongefäßen individuelle Muster gab, wuchs er über sich selbst hinaus. Die Fähigkeit, Schönes zu erschaffen, kam einem Wunder gleich – und auch heute können wir dieses Besondere noch spüren, wenn uns ein Musikstück so sehr berührt, dass uns die Tränen in die Augen steigen, oder wir vor einem Kunstwerk stehen, das von einer einzigartigen Schönheit ist. Der Mensch ist das einzige Wesen, das die Fähigkeit hat, Schönheit zu erkennen und zu genießen. Natürlich bringt auch die Natur immer wieder Schönheit hervor – man denke nur an das prächtige Federkleid vieler Vögel –, doch dient diese Schönheit nicht ästhetischen Gesichtspunkten, sondern sichert in erster Linie das Überleben einer Art. Was wirklich in den Tieren vorgeht, wissen wir natürlich nicht: Ist ein Pfauenweibchen lediglich durch Jahrtausende der Evolutionsgeschichte konditioniert, auf das farbenfrohe Gefieder des Männchens anzuspringen, oder findet sie den Herren Pfau mit seinem beeindruckenden Rad vielleicht doch attraktiv? Das werden wir wohl nie erfahren!

MENSCHEN SCHMÜCKEN SICH AUS VIELEN GRÜNDEN

Doch egal, ob es nun die Natur ist, die uns mit ihrer Schönheit erfreut, oder ob Menschen selbst herrliche Kunstwerke schaffen: Ohne die Eigenschaft des Menschen, alles zu verzieren, wäre

Vögel symbolisieren Vergeistigung und Freiheit (heiliger Geist, Taube an Pfingsten).

das Leben sehr viel blasser und langweiliger. Die Ästhetik ist jedoch nur ein Grund, warum die Menschen sich und ihre Gegenstände gerne schmücken. Schneider und Färber, Maler und Schnitzer, Glasbläser und Dekorationskünstler: Sie alle werden von unterschiedlichen Motiven getrieben, ihre Künste auszuüben. Man denke nur an die „Kriegsbemalung" vieler Urvölker, die nicht um der Schönheit willen aufgetragen wurde, sondern psychologische Motive verfolgte: Man wollte den Feind einschüchtern. Zu beinahe jeder kultischen Handlung gehören verzierte Gegenstände, mit denen man eine Nähe zu den Göttern – die uns ja die Gabe zur Kunst schenkten – suchte. Kunstgegenstände sollen zwischen den Menschen und den Göttern vermitteln und die Götter milde stimmen. Auch soziologische Gründe können hinter der Kunst stecken: Beim Ritterturnier informierten Symbole auf den Wappenschildern über die Identität und die gesellschaftliche Stellung eines Ritters – auf einen Blick wussten Gegner und Zuschauer, mit wem sie es zu tun hatten. Zu guter Letzt trieb auch der schnöde Mammon die Menschen schon früh genug dazu, Gegenstände zu verzieren. Der Töpfer merkte, dass seine künstlerisch gestalteten Krüge beliebter waren als die einfachen Krüge seiner Konkurrenten und suchte daher nach immer neuen Ideen, um seine Gefäße nicht nur praktisch, sondern auch hübsch zu gestalten.

DIE WICHTIGSTE ZUTAT: KREATIVITÄT

Doch wer kann überhaupt Kunsthandwerk machen? Nicht jeder, so viel steht fest. Neben handwerklichem Geschick benötigt man auch eine gewisse schöpferische Begabung und das Wissen um eine ästhetische Wirkung. Es gibt Menschen, die bringen nur das handwerkliche Geschick mit. Sie können Kunsthandwerk nach den Vorgaben anderer schaffen, doch selbst Ideen haben oder Pläne festlegen – das können sie nicht. Dass Kreativität nicht gelernt werden kann, sondern uns in einer mal größeren, mal kleineren Portion in die Wiege gelegt wird, gilt mittlerweile als sicher. Doch auch bei aller Kreativität braucht man noch etwas anderes, um künstlerisch tätig zu sein: materielle Mittel und Zeit. Deshalb waren die Fertigung und der Besitz von Schmuck lange nur den gehobenen Gesellschaftsschichten vorbehalten. Und die stellten ihren Reichtum auch gerne zur Schau. Geradezu protzig waren die Adeligen im 17. und 18. Jahrhundert geschmückt. Da funkelte an jedem Finger ein Ring, dazu kamen etliche Ketten – natürlich nur mit den edelsten Steinen –, Broschen, Ohrgehänge, Frisurenschmuck und Kleidung aus den teuersten Stoffen. Wen störte es da noch, dass die noblen Herrschaften es mit der Hygiene nicht allzu genau nahmen? Heute duschen die meisten Menschen zwar täglich, doch mit Schmuck wird immer noch gerne geprotzt. Man denke nur an das jährliche Schaulaufen vor der

Oscar-Verleihung. Mindestens ebenso wie die festlichen Roben der Schauspielerinnen steht das glitzernde Geschmeide an Hals, Armen und Ohren im Mittelpunkt der medialen Aufmerksamkeit.

DESIGN IST ALLES

In der heutigen Welt geht es nicht nur darum, wie Dinge funktionieren, sondern auch wie sie aussehen. Das Design ist wichtig, damit Gegenstände nicht nur rational, sondern auch sinnlich erfassbar werden. Wir freuen uns über schöne Dinge. Deshalb verpacken wir ein Geschenk in hübsches Geschenkpapier, verzieren es mit Bändern und Schleifen. Die Verpackung erhöht den Wert des Geschenks nicht, gibt uns jedoch die Chance, ein seelenloses Stück Ware in ein individuelles, mit Liebe und Sorgfalt verpacktes Geschenk zu verwandeln. Und wer freut sich nicht über ein Geschenk, das von Herzen kommt?

Wissenschaftler glauben, noch einen anderen Grund ausgemacht zu haben, warum uns die Dekoration so viel Spaß macht: Das Schmücken und Gestalten soll uns fröhlich und optimistisch halten und uns zeigen, dass alles gut wird. Das leuchtet ein, denn wer schmückt schon ein Haus, wenn er nicht an eine Zukunft in diesem Haus glaubt? Schmücken und Freude – das gehört untrennbar zusammen. Wer bedrückt oder schlecht gelaunt ist, kann durch das Schmücken sein seelisches Tief überwinden. Wer jedoch anhaltend pessimistisch ist, wird nur selten prächtige Kunstwerke schaffen können.

Vor allem in der heutigen Zeit, in der Gegenstände aller Art am Fließband gefertigt werden und in großen Mengen in den Handel kommen, sehnen wir uns nach Möglichkeiten, uns individuell auszudrücken und Dinge nach eigenen Vorstellungen selbst zu gestalten. Viele Menschen machen das über ihren Kleidungsstil, andere durch die Dekoration in ihrem Haus. Indem wir unseren Wohnraum schmücken, wollen wir auch ein Stückchen mehr Lebensqualität gewinnen. In einer Umgebung, die nach unserem Geschmack ausgestattet ist, fühlen wir uns einfach wohler als in einer unpersönlichen Atmosphäre. Die Kunst des Dekorierens hat gegenüber den Ansprüchen der Bildenden Kunst einen großen Vorteil: Jeder kann es versuchen und sich nicht nur am Ergebnis freuen, sondern auch am schöpferischen Vorgang selbst. Die gestalterischen Möglichkeiten sind unbegrenzt – auch am Weihnachtsbaum. Was spricht also dagegen, sofort loszulegen?

Gaben und Geschenke

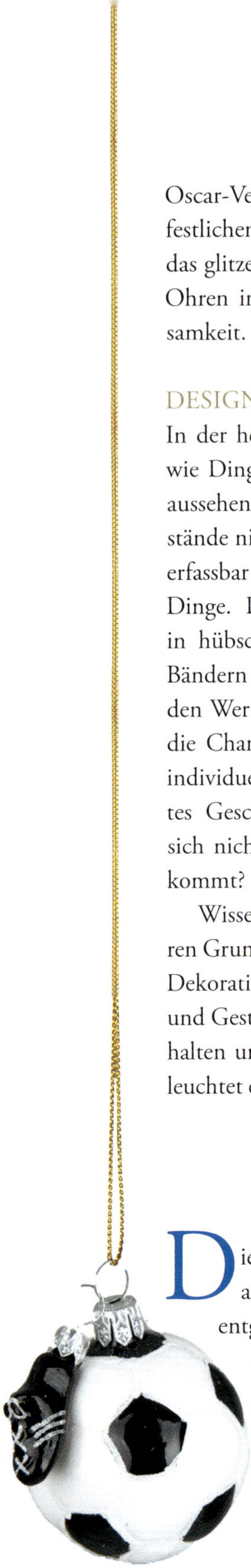

Die lieben Kleinen fiebern häufig vor allem aus einem Grund dem Weihnachtsfest entgegen: Sie freuen sich auf die Geschenke, die unter dem Christbaum liegen und ihre lang gehegten Wünsche erfüllen. Doch wie entstand der Brauch, an Weihnachten anderen eine Freude zu bereiten?

GOTTES GESCHENK AN DIE MENSCHHEIT

Das größte Geschenk, das die Menschheit je zu Weihnachten erhielt, war die Geburt Jesu Christi. Gott hat die Welt geliebt, und so schenkte er uns seinen Sohn, um uns von unseren Sünden zu erlösen. Deshalb ist Weihnachten das „Fest der Liebe", und deshalb finden wir auch heute noch jedes Geschenk schön, das aus Liebe gegeben wurde. Auch soll die Idee der Nächstenliebe in der Liebe weiterleben, mit der die Weihnachtsgeschenke ausgewählt und überreicht werden.

Die ersten Menschen, die zur Weihnachtszeit Geschenke überbrachten, waren die drei Weisen aus dem Morgenland. Sie überbrachten dem neu geborenen Jesuskind Myrrhe, Weihrauch und Gold.

AM ANFANG NUR FÜR KINDER

Weihnachtsgeschenke erhielten am Anfang nur die Kinder, und in manchen Regionen blieb dieser Brauch noch bis ins 19. Jahrhundert erhalten. Ursprünglich wurden die Kinder vom heiligen Martin am 11. November und vom heiligen Nikolaus am 6. Dezember beschenkt. Im 16. Jahrhundert wollten dann die protestantischen Reformatoren das Weihnachtsfest von allen volkstümlichen, oft heidnischen Bräuchen reinigen und sagten dem Julbock, Frau Perchta oder bäuerlichen Umzügen den Kampf an. Auch die katholischen Heiligen, also auch Martin und Nikolaus, lehnten die Protestanten ab. Gleichzeitig wollten sie dem Weihnachtsfest, einem der wichtigsten Feste im christlichen Jahr, vor allem bei Kindern eine größere Bedeutung geben. So verlegte Martin Luther (1483–1546) die Bescherung auf das Weihnachtsfest und ersetzte kurzerhand den heiligen Nikolaus durch das Christkind, das in der Nacht auf den 25. Dezember die Geschenke bringt. Erst im 19. Jahrhundert bescherte das Christkind dann auch die katholischen Kinder. Und so ist es bis heute geblieben: In den katholischen Gegenden Deutschlands, in Österreich und der Schweiz bringt bis heute das Christkind die Geschenke. In den protestantischen Regionen Deutschlands wurde es jedoch durch den Weihnachtsmann verdrängt, der stark an den ursprünglichen Geschenkebringer, den heiligen Nikolaus, erinnert.

In der Zeit der Aufklärung sollten die Geschenke für die Kinder vor allem eines sein: nützlich, damit sich die Kleinen zu Vernunftwesen entwickeln konnten. Zur Biedermeierzeit hingen diese Gaben als kleine Päckchen direkt im Weihnachtsbaum, und zwar so hoch, dass sie die Kinder vor der Bescherung nicht erreichen konnten. Bis ins 19. Jahrhundert hinein gab es nur in der Welt des Adels kostbare Geschenke. Andere Kinder mussten sich mit ein paar Äpfeln oder Nüssen zufriedengeben, über die sie sich jedoch oft genauso freuten, wie sich Kinder heute von einem MP3-Player begeistern lassen.

Heute ist die Vorweihnachtszeit die umsatzreichste Zeit für den Einzelhandel. Schöner, teurer, neuer – unter diesen Gesichtspunkten scheinen die Menschen immer öfter ihre Weihnachtsgeschenke auszuwählen. Rund 230 Euro gibt jeder Verbraucher jedes Jahr für Weihnachtsgeschenke aus. Dabei vergessen viele Menschen, dass die Liebe das Hauptmotiv für das Schenken sein sollte, und diese lässt sich eben nicht am materiellen Wert eines Geschenkes festmachen. Gerade für Kinder muss es nicht immer das teuerste Spielzeug sein, denn sie lassen sich auch mit kleinen Dingen noch leicht begeistern – wie auch von einem prächtig geschmückten Weihnachtsbaum.

Kaffeegeschirr aus den Fünfzigerjahren inspirierte Johann Wanner zu fröhlichen Punktekugeln.

Die Sprache der Kugeln *am Baum*

Sicher werden Sie ihren Baum nicht nur mit Kugeln schmücken, doch wenn, werden es sicher ganz besondere und immer wieder neue Farben und Formen sein. Die meisten Menschen, die sich als wirkliche Liebhaber für einen Weihnachtsbaum entscheiden, schmücken diesen mit sehr viel Bedacht und äußerst kunstvoll. Den Baum zu dekorieren ist ein besonderer Akt, sich auf den Heiligen Abend einzustimmen. Dieser Moment beginnt nicht erst, wenn wir die Kugel anhängen, sondern bereits damit, dass wir über die Gestaltung des Baumes nachdenken. Bei den meisten Menschen ist das rund um den 1. Advent. Die Läden sind dann schon weihnachtlich ausgestattet, und man entdeckt da und dort Ideen. Mit dem Adventskranz finden dann die ersten Vorstellungen eine Art Gestalt, und die gemeinsame Entscheidung beginnt: Wie wird dieses Jahr unser Baum aussehen? Wird der Baum einfarbig gehalten sein? Oder mit nostalgischem Spielzeug? Wird es ein Baum mit Strohsternen werden oder Glimmer oder kostbarem Kunstgewerbe? Werden die Kugeln einzeln gekauft oder in einem Sechserkarton?

Sollen die Kugeln eine Geschichte haben, etwa wenn sie in einem besonderen Geschäft erstanden werden, als Souvenir einer Reise oder auf einem traditionellen Adventsmarkt?

All diese Überlegungen sind für mich wichtig, denn schließlich werden wir bis zum 6. Januar, dem Dreikönigstag, mit unserem Baum zusammen sein. Am Weihnachtstag selbst und viele Tage danach werden wir uns so an ihm erfreuen. Vielleicht werden wir sogar noch einmal neue Details entdecken, die uns im weihnachtlichen Trubel entgangen waren, und ganz sicher werden wir auch über den zukünftigen Baum schon sprechen. Wird er diesem ähneln, oder wollen wir vielleicht einmal etwas ganz anderes wagen?

Der geschmückte Baum spendet eine wunderbare Atmosphäre. Man sitzt davor, erfreut sich daran und erinnert sich an das schöne Fest. Viele Menschen lassen so lange die Geschenke unter dem Baum liegen, bis er dann doch eines Tages wieder abgeschmückt wird und uns das Zimmer, ohne seinen Glanz, leer und kühl erscheint. Vielleicht entscheiden sich manche Menschen deswegen dafür, ihren Baum bis zum 2. Februar, Maria Lichtmess, in der Wohnung zu behalten. Das ist immerhin noch einmal ein paar Tage länger. In früheren Zeiten wählte man dieses Datum aber nicht aus einem Wohlfühlgedanken heraus, sondern es war der Tag, an dem die Dienstboten ihre Arbeitgeber wechselten. Vielleicht nahmen die auf diesem Weg den Baum ganz einfach mit.

Aber nicht nur dass und wann wir ihn schmücken und wie lange der Baum in der Wohnung bleibt, sondern auch welchen Schmuck wir dafür verwenden, hat mehr Aussage als Design und Stil. Der Weihnachtsschmuck ist mit uralten Geschichten, Tradition und Symbolik verbunden. Die Glaskunst, die Nüsse, die roten Schleifen am Baum erzählen von Vergangenheit und Zukunft.

Die Tradition findet ihren Anfang bei unseren Vorfahren, für die der Weihnachtsbaum sehr mystisch war und das absolute Symbol für die heilige, stille Zeit. Für viele war der Baum mit seinem Behang das Geschenk an sich, und es gab und brauchte nichts darunter, höchstens eine Krippe, das zweite große Symbol des Weihnachtsfestes, deren Geschichte sich bis in das 13. Jahrhundert zurückverfolgen lässt. Franz von Assisi soll 1223 erstmals in Greccio (Italien) eine Krippe aufgestellt haben. Unsere Vorfahren, besonders die in den Bergen und auf dem Land, erfreuten sich an dem Licht, dem Schmuck und der Stimmung, die um das heilige Fest herrscht. Es gab etwas mehr auf dem Teller als unter dem Jahr, die Stuben waren warm und einladend, und die Christmette war das große Ereignis an diesem Fest. Nicht die Geschenke waren es, obwohl die natürlich auch eine Rolle spielten. Aber sie waren oft bescheiden, handgefertigt, und es handelte sich um nützliche Dinge. Der Druck, den wir uns teilweise mit den Geschenken machen, den gab es damals nicht. Es wurde an den Abenden gebastelt und genäht, und damit wurden die Geschenke kostbar, da sehr persönlich. Bestimmt hatten auch die ärmeren Menschen keinen Baum, deswegen waren der Schmuck und das Leuchten in der Kirche für sie so wichtig. Andere Werte standen im Vordergrund, und ein anderer, harter Alltag machte Weihnachten sehr kostbar. Wenn es einen Baum gab, so wurde dieser bestaunt. Die Kinder saßen davor und himmelten ihn an, weil er so schön war und ein wirkliches Geschenk. Der Baum war das Besondere, nicht die Geschenke darunter. Er war nicht der Vermittler des Zweckes, sondern der Mittelpunkt des Geschehens.

Auch heute noch lädt ein liebevoll geschmückter Baum zum Träumen und zur Dankbarkeit ein. Die Ratio nimmt an diesen Tagen ab, und Duft und Lichter entführen uns in die Welt des Unbewussten und der stillen Sprache. Wir empfangen Botschaften, die nicht zu hören sind, sondern in den Herzen gelesen werden – im eigenen Herzen und in den Herzen der anderen Menschen. Zauber liegt in der Luft, und die Symbole beginnen zu wirken, auch wenn wir das vielleicht nicht vordergründig spüren.

Symbole sind Bildsprache und diese Bildsprache wird von der Seele besonders gut empfangen. Die Bilder lösen Gedanken und Assoziationen aus. Der Duft, der vom Baum ausgeht, lässt uns an all die Weihnachten denken, die vor diesem Fest schon lagen. Gefühle und Stimmungen werden wach und bringen Menschen – hoffentlich – einander näher. Weihnachten ist ein sehr emotionales Fest. Alles, was geschieht oder nicht geschehen soll, können wir mit der entsprechenden Dekoration stimulieren oder unterdrücken. Einen pinkfarbenen Plastiktannenbaum werden Sie vielleicht originell und witzig finden, aber zu Tränen rühren wird er Sie nicht.

Dabei sind es gerade die Tränen und die Weichheit des Herzens, die wir so an diesen Tagen lieben. Nur wer weich und durchlässig ist, kann sich auf andere Menschen einlassen, vergeben, versöhnen, spenden, beschenken und auch zu sich selbst gut und nachsichtig sein. Bilder, Karten, Adventsschmuck, Musik, Weihnachtsbackwerk und viele stimmungsvolle Lichter bereiten den weihnachtlichen Boden vor. Wir wollen Faszination und Gemeinsamkeit geschehen lassen.

Weil wir dies alles auf einer ganz tiefen Ebene wissen, schmücken wir im Advent unsere Lebensräume und zum Heiligen Fest den Baum. Vieles unseres dekorativen Weihnachtsschmucks kann eine lange und sinnige Geschichte erzählen, und jedes Teil trägt eine Botschaft. Ich habe mich mit dieser Symbolik jahrzehntelang beschäftigt. Mit diesem Wissen gestalte ich bewusst die Weihnachtsbäume oder ich lese in fremden Weihnachtsbäumen wie in einem offenen Buch. Was will mir der Besitzer, diese Familie mit diesem Baum erzählen? Welche Wünsche schlafen in der Seele und werden durch die Symbolik wach?

Wenn Sie jetzt immer interessierter lesen, dann liegt vor Ihnen auch eine Entscheidung: Möchten Sie Ihren Baum bewusst gestalten und mit den verschiedenen Symbolen spielen, oder ist der geschmückte Baum für Sie so etwas wie ein Bilderbuch oder ein Orakel?

Für manche Menschen ist der Baum ein weihnachtlicher Schmuck, für andere eine religiöse Botschaft. Für die Dritten drückt er Hoffnung aus, für die Vierten Gemeinsamkeit. Den Fünften ist er eine Philosophie. Und für die Sechsten ist er Zauber. Womit wir wieder bei der Deutung wären, denn die Nummer Sechs in der Zahlenmystik ist auch eine ganz besondere Zahl: die Zahl der Liebe. Ist es Zufall, Magie oder unbewusstes Wissen, dass ich ausgerechnet beim Zauber die Karte der Liebe zog?

Erinnern an die russische Zarenzeit: Weihnachtskugeln wie prächtige Fabergé-Eier.

Weihnachtsschmuck und seine Bedeutung

In den Geschäften und auf den Weihnachtsmärkten finden Sie ein buntes Angebot rund um den Weihnachtsbaum. Für jeden Geldbeutel ist etwas dabei. Aber egal, wie kostbar oder welcher Gelegenheitskauf Ihr Schmuck auch war, er hat eine Bedeutung. Durch die Symbole beginnt der Baum, mit Ihnen zu sprechen. Der Schmuck erzählt Ihnen von Weihnachten oder er wünscht Ihnen etwas ganz Besonderes.

WAS IST EIN SYMBOL?

Unser Leben und unser Alltag sind von Symbolen geprägt. Das fängt bei der Werbung an und hört mit einem Ring am Finger auf. Menschen erfinden Symbole für Aussagen und Zustände. Ein Smiley ist ein Symbol für eine fröhliche Stimmung, ein Zeigefinger vor dem Mund zeigt Stille an, und ein Ausrufezeichen bedeutet Achtung! Symbole erzählen. Der Adventskranz ist ein Symbol für die vier Wochen bis zum Heiligen Abend. Die kecke Mütze des Weihnachtsmannes erinnert an den Heiligen St. Nikolaus, der Bischof war und eher eine würdige Kopfbedeckung trug. Das Wort „Symbol" geht auf das griechische Wort symbolon bzw. symballo = „zusammenfügen" zurück. Ein symbolon war schon damals eine Art Wiedererkennungszeichen. Auch im Lateinischen finden wir ein Wort: symbolum, das für Zeichen, Emblem, Sinnbild steht und dem Begriff sehr nahe kommt, wie wir ihn auch heute noch verwenden. Vergessen wir aber nicht, dass auch schon die Höhlenmenschen sich durch Symbole verständigten. Es wurden Bilder an die Wände gemalt, die in Sprache übersetzt und als Geschichten gelesen wurden. Die alte ägyptische Sprache bestand fast nur aus Symbolen, und genau genommen ist ja auch noch heute jedes Wort für uns ein Symbol. Das Wort Tannenbaum ist ein Symbol für all die Ideen, Gedanken und Erinnerungen, die Sie damit verbinden. Wenn wir uns unterhalten, dann berichte ich Ihnen von dem, was ich mit diesem Symbol verbinde, und Sie können mir erzählen, was sich für Sie hinter diesem Wort verbirgt. Wir verstehen ein Symbol nur, wenn es einen Inhalt hat. Symbole aus anderen Kulturen bleiben uns deswegen häufig verschlossen, bis jemand kommt und uns das Symbol erklärt.

WIE WIRKEN SYMBOLE?

Symbole wirken nicht allein. Ihre Botschaft wird ihnen verliehen. Je deutlicher die Botschaft ist und je besser sie abgespeichert werden kann, desto schneller reagieren wir auf das Symbol. Wenn Sie ein gemaltes Herz sehen, das einen Riss hat, dann wissen Sie: Hier hat jemand Liebeskummer. Sie haben Liebeskummer selbst einmal gespürt und können so das gebrochene Herz verstehen. Bei einer Fußgängerampel brauchen Sie nicht mehr nachdenken, sondern wissen sofort: Rot bedeutet stehen bleiben und grün gehen. Die rote Farbe und das Männchen sind aber nichts anderes als Symbole. Nur über die vielen Jahre haben sich diese Symbole so in Ihrem Gehirn manifestiert, dass Sie nur noch reagieren.

Die Symbole, die wir rund um Weihnachten verwenden, lösen keine blitzähnlichen Reaktionen aus, höchstens das Türchen am Adventskranz, auf dem 24 steht, und die Tatsache, dass Sie es nicht wahrhaben wollten, dass auch diesmal der Heilige Abend tatsächlich kommt. Wenn Sie mit dem Advent vorweihnachtlich mitschwingen, wird Ihnen das aber nicht passieren. Jeder Stern und jede Kerze wird Sie dann daran erinnern, dass es Menschen gibt, denen Sie gerne etwas sagen oder schenken wollen. Und wir können die weihnachtlichen Symbole auch so interpretieren, dass wir etwas langsamer machen, uns besinnen und Zeit und Muße mit anderen Menschen teilen. Wir können uns sogar Symbole selbst erschaffen oder schenken, die nur für uns eine Bedeutung haben. Der Stern, der dann an Ihrem Fenster hängt, kann Ihnen eine Erinnerung sein, sich selbst mehr zu achten und zu lieben. Und die Kugeln an dem Baum können für Sie über den Schmuckaspekt hinaus Symbole sein für Glanz, Geheimnis oder das Runde und Vollkommene im Leben.

Die bekanntesten Weihnachtsschmucksymbole

Symbole bekommen eine Bedeutung durch ihre Geschichte. Die Geschichte, die wir ihnen geben oder die ihnen durch unsere Vorfahren, durch die Gesellschaft, die Religion gegeben wurde. Insofern begründen sich auch die Symbole der Weihnachtszeit auf Regionen und verschiedene Traditionen. Ich möchte Ihnen aber dennoch einen kleinen Einblick in die Vielfalt der Bedeutungen geben, wohl wissend, dass es noch mehr und andere Deutungsmöglichkeiten gibt.

BUNTE PÄCKCHEN IN DEN ZWEIGEN

Schon immer hängten die Menschen kleine Päckchen an den Baum. Manchmal waren diese echt und manchmal aus Schokolade. Dass wir kleine Päckchen an den Baum hängen, soll an die Heiligen Drei Könige erinnern, genauer: an deren Gaben. Die Könige brachten Geschenke für das neugeborene Kind. Wir hängen kleine Päckchen an den Baum, um uns an diese Gaben zu erinnern und weil für die Christen die Geburt Jesu das größte Geschenk von allen ist. Allerdings führt uns dieses Symbol auch noch ein Stück zurück, nämlich in die vorchristliche Zeit. In den Tagen, in denen wir heute Weihnachten feiern, feierte man zur römischen Zeit das Fest des Saturn, die Saturnalien. Bei diesem Opferfest, das am 18. Dezember gefeiert wurde, wurden Beamte und Sklaven beschenkt. Später griffen die Germanen diesen Faden auf und beschenkten ihre Mägde und Knechte in der Mittwinterzeit. Und auch in der Wikingerzeit feierte man schon Fruchtbarkeitsfeste in den kalten Dezembertagen, bei denen Geschenke eine große Rolle spielten. Geschenke und Weihnachten gehören zusammen. Die Geschenke am Baum sind eine Verheißung für das, was war, und das, was kommt.

ROTE ÄPFEL

Sicher haben Sie noch nie einen Delicious-Apfel in einem Weihnachtsbaum hängen sehen. Diese Äpfel sind grün und passen deswegen nicht zum Fest. Nicht deswegen, weil sie vielleicht im Grün des Baumes untergehen würden, sondern weil die Äpfel im geschmückten Weihnachtsbaum immer

Perlenbesetzt und handbemalt: Königlicher Baumschmuck.

rot sind. Rot oder golden. Das muss so sein, das will der Brauch. Der rote Apfel erzählt vom Sommer und vom Paradies. Es war der Apfel, der den Sündenfall erst möglich machte. Dieser Apfel ist sinnlich und ein voller Genuss. Wir dürfen ihn heute pflücken und essen. Rote Früchte stehen für Fruchtbarkeit, Belohnung und Genuss. Wir legen sie auf den Adventsteller, und Kinder werden zu Nikolaus damit beschenkt. Am Weihnachtsbaum erinnert der rote Apfel an das Paradies und auch an das Paradiesische am Weihnachtsfest. Aber es gibt auch den goldenen Apfel, etwa als Reichsapfel und damit als Symbol für Macht. In der griechischen Mythologie wurden goldene Äpfel im Garten der Götter bewacht. Wer davon aß, wurde unsterblich. In der antiken Kunst finden wir goldene Äpfel, da diese an die Sterne erinnern. Wir hängen uns mit ihnen das Gold des Himmels in den Baum. Und eine alte Legende will wissen, dass ein Mädchen, das am ersten Weihnachtsfeiertag in der Haustür stehend einen Apfel isst, seinen Mann fürs Leben finden wird: Es ist der Bursche, der als Erstes an ihr vorbeigeht. Da sehen Sie ... schon wieder die Liebe, und das an Weihnachten. Na klar, wann denn sonst? Da der Apfel ein rundes Symbol ist, erklären sich Ihnen nun bereits die Kugeln. Diese sind ein Sinnbild für den Apfel. Rote Schleifen genauso, aber hier zählt die Farbe Rot.

CHRISTBAUMKUGELN

Die Kugel ist das Symbol der Vollkommenheit, so vollkommen wie die Erdkugel, der Mond oder die Sonne. Eigentlich sind es aus Glas geblasene Äpfel, wenn Sie Kugeln in den Bäumen sehen. Zuerst schufen die Glasbläser kleine Kugeln, die mit Perlen und Früchten verziert waren oder die daraus geschaffen wurden. Eine runde, perfekte und glänzende Christbaumkugel steht für das Göttliche. Sie hat weder Anfang noch Ende und symbolisiert damit Ewigkeit, Vollkommenheit und Gott. Meine Lieblingskugel ist die schwarze Kugel. Die schwarze Kugel ist für mich wie ein schwarzer Spiegel. Im Hintergrund ist alles verklärt, aber die Lichtpunkte sind ganz scharf. Sie ist mystisch.

FLIEGENPILZE

Fliegenpilze sind giftig und sie bringen Glück. Bereits Sagen der Germanen deuten auf eine tiefe Verehrung des Fliegenpilzes hin. So wird geschildert, dass Wotan, der germanische Gott der Extase und der Erkenntnis, für die Entstehung der Fliegenpilze zuständig sei. Wie Sie vielleicht wissen, ist der Fliegenpilz auch als Rauschmittel zu verwenden. Darum bringt der Volksglaube den Fliegenpilz wohl auch mit Magie und Zauberei zusammen. Heute stecken wir kleine Fliegenpilze in den Adventskranz oder hängen sie an den Baum. Sie sind rot-weiß, von Zauber belegt, und für die Schamanen waren Fliegenpilze sogar heilig. Der Weihnachtsmann ist übrigens auch rot-weiß gekleidet und steht für Geschenke und Wünsche, die wahr werden. Der Pilz bringt uns Glück, weil er uns in einen anderen Zustand versetzt: in den des Märchens. Deswegen wird er in der Kirche eher nicht als weihnachtlicher Schmuck verwendet, in den Kindergeschichten, Märchen und bei privaten Feiern schon.

NÜSSE

Walnüsse gehören, wie rote Äpfel, in den Baum. Sie sind schwer zu knacken und rätselhaft, denn erst wenn wir sie geöffnet haben, wissen wir, was sich in ihnen versteckt. Die beiden Schalen der Walnuss symbolisieren die beiden Seiten des Lebens. Das Helle, das Dunkle, das Leben und den Tod. Die hohlen Nussschalen, mit Goldfolie umwickelt oder bronziert, haben eine lange Tradition. Die Menschen verbinden von jeher damit Fruchtbarkeit und Fülle. Wird die Nuss vergoldet, so soll dies die Gaben der Nuss wertschätzen. Alles, was wir an Nährwert und Gesundheit von ihr erhalten. Auch die Schalen, die ebenfalls zu verwenden sind, und sei es als weitere Dekoration. Sie kennen sicher diese kunstvollen kleinen Kinderbettchen, die aus einer Walnusshälfte gebastelt wurden. Nüsse zählen zu der Urnahrung des Menschen. Kein Wunder, dass diese wertvolle Frucht auch im Mittelpunkt vieler alter Bräuche steht. Walnüsse stehen seit dem Altertum für Fruchtbarkeit, Gesundheit und Wohlergehen.

TANNENZAPFEN

Tannenzapfen sind ebenfalls ein Fruchtbarkeitszeichen. Sie werden in der Weihnachtssymbolik den Nüssen nahe gestellt. Auch Zapfen haben etwas Geheimnisvolles. Niemand kann unter ihre Schuppen blicken. Nur wenn es der Zapfen will, öffnet er sich und gibt seine vielen fruchtbaren Samen als Geschenke frei. Gleichzeitig stehen Tannenzapfen für Jungfräulichkeit und damit auch für die Jungfrau Maria. Manchmal sehen sie aber eher wie Eiszapfen aus und symbolisieren so den Winter.

VÖGEL

Immer häufiger findet man die bunten Vögelchen, oft sogar mit Federn, am Weihnachtsbaum. Es gibt verschiedene Vögel zu erstehen und alle haben eine unterschiedliche Bedeutung. Störche sind Frühlingsboten, Glücks- und Kinderbringer. Käfigvögel symbolisieren Häuslichkeit, Tauben sind Friedensvögel und stehen für Vergeistigung. Eulen gelten als Zaubertiere und Symbole für Weisheit. Rad schlagenden Pfauen sagt man alle erdenklichen Zauberkräfte nach, ihr schillerndes Gefieder erinnert an die Pracht des Nachthimmels. Nachtigallen kündigen wie der Storch den Frühling an, sie sind aber auch ein besonderes Symbol für die Liebe.

FISCHE

Fische sind aus vielerlei Gründen als Weihnachtsschmuck beliebt – sie sind alte Symbole für Wasser, Leben und Fruchtbarkeit und sie erinnern an die biblische Geschichte: Christus speiste einst mit wenigen Fischen ganze Volksscharen. Für die Urchristen war der Fisch das Erkennungszeichen.

GLÜCKSSYMBOLE

Glückssymbole sind beliebte Objekte für den Baumbehang. Besonders nett sind die kleinen Marienkäfer. Ihnen sagte man schon immer eine himmlische Herkunft nach, was auch ihr anderer Name verrät: Herrgottskäfer. Sie bringen nach altem Glauben frohe Botschaften vom Himmel. Wer Geldbeutel an den Baum hängt, hofft natürlich auf finanziellen Segen.

INSTRUMENTE

Trompete, Trommel, Flöte, Harfe – es gibt viele Instrumente, die man als Symbol in den Tannenzweigen findet. Viele Engel werden mit einem Instrument abgebildet. Das hat sicher etwas mit der Musik zu tun, die an Weihnachten eine ganz besondere Bedeutung hat, aber auch mit der Musik – sprich: der frohen Botschaft –, die vom Himmel kommt. Da früher die Nachrichten auf dem Marktplatz verlesen wurden, nachdem die Boten die Menschen mit Trompetensignalen gerufen hatten, signalisieren Instrumente nämlich auch gute Neuigkeiten. Außerdem erinnern sie an den alten Brauch, böse Geister mit Lärm und Getöse auszutreiben.

HERZEN

Dieses Symbol spricht für sich. Herzen stehen ganz klar für die Liebe, aber auch, dass wir einem Menschen Liebe und etwas Gutes wünschen. Sie werden gebacken, geformt, gemalt und kommen in den unterschiedlichsten Variationen an den Baum. Für die Menschen, die unter dem Baum sitzen, sollen sie ein Zeichen für Herzlichkeit, Liebe, Lust, Freude und Lebenskraft sein.

STERNE

Sterne versinnbildlichen den Wissensschatz der Astrologie. Sie hängen in den Zweigen als Symbole der Hoffnung auf ein gütiges Schicksal. Wir werden durch sie beschenkt, was wir auch aus dem Märchen „Die Sterntaler“ wissen. Sterne leuchten uns und weisen uns den Weg. Es war ein Stern, der die drei Weisen zu dem Kind im

Stall führte. Ist der Stern aus Stroh gefertigt, so soll er daran erinnern, dass das Christkind auf Stroh in einer Krippe lag und kein Handy und keinen Computer brauchte, um glücklich zu sein. Es sind die einfachen Dinge, die zählen. Auch bei den Sternen.

ENGEL

Fast alle Religionen kennen Engel, die zwischen der göttlichen und der menschlichen Sphäre vermitteln. An Weihnachten bevölkern goldene und silberne Flügelwesen die Bäume; manche ähneln Feen, andere wirken ernst und mächtig. Sehr häufig thront ein Engel an der Spitze des Christbaums, denn Engel verkündigen nach der Bibel die Geburt des Heilands. Mit den niedlichen pausbäckigen Botticelli-Putten haben die biblischen Engel allerdings nur wenig gemein: Sie sind zum Fürchten eindrucksvoll. Als sie den Hirten auf dem Felde die Geburt Jesu verkündeten, schickten sie ihrer Botschaft daher ein „Fürchte dich nicht …“ voraus.

GLOCKEN

Sie läuten zur Heiligen Nacht und begrüßen das neue Jahr. Die erste Kirchenglocke hat in Europa wohl im 6. Jahrhundert in Italien geläutet. Glocken rufen, jubeln und erinnern. Da sie vor Gefahren warnen, sind Glocken am Weihnachtsbaum auch als Unglücksverhüter gedacht. Am Heiligabend verkünden sie eine frohe Botschaft: Kommt zum Fest! Kommt zur Bescherung!

FRÖSCHE, BÄREN, KATZEN

Sie und noch viele weitere Tiere tummeln sich in verschiedenen Ländern am Weihnachtsbaum. Frösche gelten seit Urzeiten als Orakeltiere und können angeblich die Zukunft voraussagen. Diese Fähigkeit stellen sie heute nach wie vor als Wetterfrösche unter Beweis, mal mit mehr, mal mit weniger Erfolg. Bären sind nicht nur stark und kräftig, sondern bieten auch Schutz vor Dämonen. Wer sich in ihr Fell hüllt, wird selbst stark wie ein Bär und kann die Mächte des Bösen vertreiben, glaubten unsere Vorfahren. Katzen

schließlich werden gerne mit Erotik in Verbindung gebracht – und ein bisschen kribbeln darf es unter dem Weihnachtsbaum ja auch.

FRÜCHTE

Früchte wachsen häufig an Bäumen, und so gehören sie dann auch zum ältesten Baumschmuck überhaupt. Außerdem waren sie lange Zeit eine beliebte Opfergabe, mit der die Menschen die höheren Mächte milde stimmen wollten. Was sie am Weihnachtsbaum bedeuten, ist daher leicht nachzuvollziehen: Früchte stehen für Reichtum, Fruchtbarkeit, Ernte oder die Gaben der Natur.

BLUMEN

Blumen schmücken gerne den Weihnachtsbaum. Vor allem Rosen, das Symbol für Liebe und Sommer, sind beliebt. Aber auch weiße Lilien, die für Reinheit stehen, kommen an einem schön geschmückten Weihnachtsbaum hervorragend zur Geltung. Eine Blume mit ganz besonderer weihnachtlicher Symbolik ist die Christrose, auch Schneerose genannt. Sie öffnet mitten im Winter, zwischen Eis und Schnee, ihre Blüten und erinnert damit an das Jesuskind, das ebenfalls mitten im kalten Winter geboren wurde. Früher galt die Christrose daher als Wunderblume, die zu einer sonst sehr kargen und frostigen Zeit die Menschen erfreute. Heute hat uns die Botanik gelehrt, dass sie ein Frostkeimer ist, der kalte Temperaturen braucht, um blühen zu können. Das ändert allerdings nichts an der Schönheit ihrer zarten weißen Blüten!

ZWERGE, NIXEN UND ELFEN

Sie geben unserem Weihnachtsbaum ein märchenhaftes Aussehen und haben ihren Ursprung in verschiedenen nicht-christlichen Glaubenssystemen oder entstammen, wie die Elfen, einer Fantasiewelt. So tanzen die Elfen angeblich nachts auf Blumenwiesen und wecken so, mitten im tiefsten Winter, die Vorfreude auf laue Frühlingsnächte. Nixen – oder auch Nymphen – lebten in der griechischen Mythologie auf Bäumen

und Bergen, an Quellen und im Meer, also an heiligen Orten in der Natur. Warum sollten sie nicht auch den Weihnachtsbaum, den heiligsten aller Bäume, bevölkern? Zwerge schließlich sind uns auch als Heinzelmännchen bekannt, die über Nacht heimlich allerlei Tätigkeiten rund um Haus und Hof verrichten. Für häusliche Tüchtigkeit, nicht nur zur Weihnachtszeit eine wichtige Tugend, sollen sie auch am Weihnachtsbaum stehen.

SONNE UND MOND

Sie sind neben den Sternen weitere Himmelskörper, die den Weihnachtsbaum schmücken. Das überrascht nicht, denn sie sehen hübsch aus und werden darüber hinaus auch mit den Geschicken der Welt, über die sie walten und herrschen, in Verbindung gebracht. Die Sonne erinnert am Weihnachtsbaum an alte Sonnenkulte – denn schließlich feiern wir das Weihnachtsfest kurz nach der Wintersonnenwende am 21. Dezember. Die Zeit der langen Dunkelheit geht zu Ende und die Tage werden wieder länger: Diesen Neuanfang haben wir der Sonne zu verdanken. Und wie eine Sonne kam auch das Jesuskind in einer dunklen Zeit zur Welt und gab der Welt ihre Helligkeit zurück. Der Mond mit seinem ständigen Wechsel von Zunehmen und Abnehmen galt schon seit Urzeiten als weihnachtlicher Wettermacher. Nach zahlreichen Bauern- und Wetterregeln bestimmen die Nächte zwischen Weihnachten und dem Dreikönigstag, wie das Wetter – und damit natürlich auch die Ernte – im nächsten Jahr ausfallen wird.

Eine weihnachtlich geschmückte Hotelhalle.

Die von Johann Wanner geschmückten Weihnachtsbäume passen sich in Stil und Farbe ihrer Umgebung an.

Licht, Kerzen
und anderer weihnachtlicher Glanz

Obwohl sie schon über 2000 Jahre alt sind, seit Jahrhunderten nicht weiterentwickelt wurden, ein echtes Sicherheitsrisiko sein können und immer wieder im falschen Augenblick anfangen zu tropfen, sind Kerzen aus unseren (nicht nur weihnachtlichen) Wohnstuben nicht wegzudenken. Eine brennende Kerze auf einem Zweig ist nach wie vor eines der wichtigsten Symbole für Weihnachten. Auch wenn mit der Elektrizität schon bald elektrische Weihnachtsbaumbeleuchtungen entwickelt wurden, sind viele Menschen auch heute noch Feuer und Flamme für die gute alte Kerze. Nur sie schafft den flackernden Kerzenschein, in dem die Christbaumkugeln so herrlich funkeln. Nur sie verströmt den aromatischen Duft nach Wachs, der für viele untrennbar mit dem Weihnachtsfest verbunden ist. Und nur sie verbreitet eine nostalgische Stimmung unter dem Christbaum, die uns daran zurückdenken lässt, wie sich einst die Flammen der Kerzen in unseren weit aufgerissenen Kinderaugen spiegelten.

Lumen Christi venit

Jahrhundertelang waren Kerzen die einzige Lichtquelle, die den Menschen zur Verfügung stand. Kein Wunder, dass die Kerze im Laufe der Zeit zum Symbol für das Licht an sich geworden ist, und zwar nicht nur für das Licht, das dunkle Räume heller macht, sondern das auch Hoffnung in einer dunklen Zeit bringt. Schon seit Urzeiten markiert Licht den Beginn allen irdischen Lebens. Im ersten Buch Mose begann Gott sein Schöpfungswerk mit den Worten: „Es werde Licht." Heute bezeichnen Wissenschaftler dieses Phänomen als Urknall, doch Parallelen zur Bibel gibt es trotzdem: Mit dieser unvorstellbar gewaltigen Explosion vor Milliarden von Jahren kam Licht in die Welt – und mit ihm bald auch das Leben.

Heute können wir den Unterschied zwischen Licht und Dunkel mit einem Drücken des Lichtschalters beseitigen. Doch obwohl die Helligkeit oft nur einen Knopfdruck entfernt ist, ist vielen Menschen die Dunkelheit immer noch unheimlich. In der dunklen Nacht suchen uns Albträume und Ängste heim, und wir machen uns Sorgen um Dinge, die uns bei Tageslicht betrachtet nicht halb so schlimm vorkommen. Und so fühlen sich viele Menschen nicht wohl, wenn sie einmal draußen in der freien Natur, in der Wüste, im dichten Wald oder auf einem Feld fernab jeglicher Zivilisation sind: Hier ist es plötzlich unheimlich dunkel, sehr viel dunkler, als wir das aus den nächtlichen Städten kennen. Und wer weiß schon, was da draußen in der Dunkelheit lauert? Nur zu froh sind wir dann, wenn der Mond und ein paar Sterne am Himmel stehen und die Welt in ihr fahles Licht tauchen oder wir mit einer Taschenlampe oder auch einer Kerze für ein wenig Helligkeit sorgen können.

Die erste Kerze, die nicht viel anders aussah als die Kerzen von heute, brannte vermutlich schon kurz nach Christi Geburt. Doch jahrhundertelang war ihr Gebrauch nur den Wohlhabenden vorbehalten. Kerzen erhellten Säle, Burgen und Schlösser, während die Normalsterblichen in Fett oder Öl getränktes Kienholz benutzten, um ihre Räume und Häuser zu beleuchten. Ursprünglich waren Kerzen immer aus Bienenwachs, erst 1818 wurde das Stearin und 1830 das Paraffin entdeckt, die bis heute die Grundsubstanzen der Kerzenherstellung sind. Diese neuen Materialien ermöglichten eine Massenherstellung von Kerzen und machten die Lichtquellen so für alle Menschen erschwinglich.

Auch mit Weihnachten ist das Licht schon lange verbunden. So wies eine strahlende Himmelserscheinung – ein Komet? – den Weisen aus dem Morgenland den Weg zum Christkind, das in dieser Nacht das Licht der Welt erblickte. Die Hirten auf dem Felde wurden von einem Licht geblendet, als ihnen ein Engel die Geburt Jesu verkündete. Und auch der Knabe in der Krippe selbst wurde von einem heiligen Glänzen umgeben. Licht war schon immer eine Metapher für Christus, den strahlenden Erlöser, der die dunkle Welt erleuchtet. Mitten in die dunkelste Nacht – auch im wörtlichen Sinn: zur Zeit der Wintersonnenwende – wurde er hineingeboren und brachte der Welt das Licht.

Den Weihnachtsbaum zierten Kerzen zum ersten Mal im 17. Jahrhundert, wie es ein Dokument von 1660 belegt. Eine der ersten, die von diesem neuen Brauch berichtete, war Liselotte von der Pfalz in dem bereits erwähnten Brief von 1708 an ihre Tochter: „Auf diese Tische stellt man Buchsbäume und befestigt an jedem Zweig ein Kerzchen; das sieht allerliebst aus und ich möchte es heutzutage noch gern sehen." Auch hier konnten sich zunächst nur die Adeligen diesen besonderen Baumschmuck leisten. Erst im Laufe des 18. und 19. Jahrhunderts schmückten die Lichterbäume die Wohnzimmer evangelischer Familien, ab dem 19. und 20. Jahrhundert dann auch die Stuben katholischer Familien.

Auch in anderen Religionen gibt es übrigens eine enge Verbindung zwischen Licht und dem Göttlichen. Im Judentum zum Beispiel wird in unserer Weihnachtszeit das Chanukka-Fest, das Fest der Tempelweihe, gefeiert. Jeden Tag wird eine Kerze mehr am achtarmigen Leuchter entzündet, bis am achten Tag alle Lichter brennen. Während diese Festlichter leuchten, ruht alle Arbeit. In der griechischen Mythologie trug Prometheus das Feuer vom Himmel auf die Erde, auch hier stammt das Licht also von den Göttern. Und auch die Germanen verehrten die Sonne, die nicht nur Licht, sondern Leben und Wachstum spendet.

Doch Kerzen haben noch eine weitere Bedeutung: Sie geben uns Wärme und Licht, verzehren sich dabei jedoch. Deshalb stehen sie auch für Leben und Tod und Opferbereitschaft.

Das Licht einer Kerze übt auf viele Menschen eine besondere Faszination aus. Wer von uns hat noch nicht wie gebannt in eine Flamme gestarrt und sich von ihrem flackernden Licht blenden lassen? Vor allem Kinder zeigen sich fasziniert von Kerzen, oft zum Leidwesen ihrer Eltern. Immerzu wollen sie Kerzen anzünden, ausblasen oder mit ihrem Wachs spielen. Die Lichter, die an einem Weihnachtsbaum funkeln, erscheinen ihnen als etwas Großartiges, etwas Überwältigendes. Und nicht wenige Erwachsene geraten an Weihnachten ebenfalls erst in Feststimmung, wenn sie einen Weihnachtsbaum im hellen Lichterglanz erblicken.

Aus Wachs oder aus der Steckdose?

Kerzenfans halten eine elektrische Christbaumbeleuchtung schon beinahe für etwas Verwerfliches, doch beide Varianten der Baumbeleuchtung haben ihre Vor- und Nachteile. Licht bezieht seine Magie vor allem aus der Spannung zum Dunkel, und diese ist sowohl bei natürlichem als auch bei künstlichem Licht gegeben. Ob Sie sich nun für elektrische oder Wachskerzen entscheiden, hängt also von Ihren Vorlieben ab. Kerzen aus Wachs sind authentischer und sorgen mit ihrem flackernden Licht für echte Weihnachtsstimmung. Doch sie sind auch gefährlich. Vor allem wenn der Baum langsam austrocknet, sollten Sie ihn niemals unbeaufsichtigt lassen. Außerdem können echte Kerzen Rußflecken oder Wachstropfen an Christbaumkugeln oder anderem Baumschmuck hinterlassen, und man braucht einige Zeit, um sie anzu-

Weihnachten

Markt und Straßen stehn verlassen,
still erleuchtet jedes Haus,
sinnend geh ich durch die Gassen,
alles sieht so festlich aus.

An den Fenstern haben Frauen
buntes Spielzeug fromm geschmückt,
tausend Kindlein stehn und schauen,
sind so wunderstill beglückt.

Und ich wandre aus den Mauern
bis hinaus ins freie Feld.
Hehres Glänzen, heil'ges Schauern!
Wie so weit und still die Welt!

Sterne hoch die Kreise schlingen,
aus des Schnees Einsamkeit
steigt's wie wunderbares Singen. –
O du gnadenreiche Zeit!

Joseph von Eichendorff

zünden – vor allem wenn der Baum ein wenig größer ist. Und Sie müssen jedes Jahr neue Kerzen kaufen. Elektrische Kerzen dagegen sind mit einem Knopfdruck angeknipst und auf jeden Fall die ungefährlichere Variante. Familien mit kleinen Kindern oder Haustieren sind mit ihnen besser dran. Doch strahlen die elektrischen Kerzen nicht dieses heimelige Licht und den stimmungsvollen Duft aus, die der Weihnachtsstube ihre ganz besonders feierliche Atmosphäre verleihen. Ein guter Kompromiss ist, beide Arten von Kerzen am Baum zu haben: Zur Bescherung am Heiligen Abend werden die echten Kerzen angezündet, danach greift man auf ihre elektrischen Brüder zurück. Für den weihnachtlichen Duft können Sie dann mit Kerzen auf dem Kaminsims oder auf dem Tisch sorgen, damit Ihnen von dort aus der Duft nach Wachs in die Nase steigen kann.

Welche Art von Kerzen Sie verwenden, bestimmt auch, in welcher Reihenfolge das Schmücken des Weihnachtsbaums abläuft. Eine elektrische Beleuchtung wird immer ganz am Anfang angebracht – noch bevor Sie den Baum auch nur mit einer einzigen Kugel dekorieren. Denn nur wenn der Baum noch „leer" ist, haben Sie genügend Spielraum, um mit den Kabeln der Beleuchtung zu hantieren. Probieren Sie schon einige Tage vor dem Fest aus, ob noch alle Lämpchen funktionieren, und besorgen Sie, falls nötig, Ersatz.

Welche Kerzen passen zu welchem Baum?

Grundsätzlich gilt: Geizen Sie nicht mit den Kerzen. Lieber ein paar Kerzen zu viel als zu wenig, ist hier die Devise. Der Aberglaube kennt viele verschiedene Regeln, wie viele Kerzen an einem Weihnachtsbaum hängen sollten. So sprach man einmal von sieben Kerzen, denn das war lange Zeit die angenommene Zahl der Planeten. Wie diese sieben Planeten sollten die sieben Kerzen die Geschicke der Menschen in positive Richtungen lenken. Auch zwölf Kerzen, entsprechend den zwölf Tierkreiszeichen, oder 24 Kerzen, die Zahl der Adventstage, sind beliebte Empfehlungen. Keinesfalls – das versteht sich schon beinahe von selbst – sollten es allerdings 13 Kerzen sein. Und damit Sie auch ganz bestimmt nicht vom Pech ereilt werden, schließen Sie am besten auch noch alle weiteren ungeraden Zahlen, schließlich allesamt Verwandte der bösen 13, aus.

Bei kleinen Bäumen sollten Sie auch kleine Kerzen verwenden, bei größeren Bäumen dürfen die Kerzen etwas größer ausfallen. Wichtig ist die Qualität der Kerzen. Ich selbst verwende fast ausschließlich Stearinkerzen, denn Stearin hat einen hohen Schmelzpunkt. Deshalb brennen diese Kerzen sehr langsam und tropfen kaum. Stearinkerzen sollten Sie nicht auf Vorrat kaufen, denn bei längerer Lagerung beschlagen sie. Allerdings kann man sie mit einem alten Nylonstrumpf wieder auf Hochglanz polieren. Verwenden Sie sie also besser frisch. Wachskerzen aus Bienenwachs macht die Lagerung dagegen nichts aus, im Gegenteil: Sie werden dann härter und tropfen nicht so stark. Hier dürfen Sie sich also gerne einen kleinen Vorrat anlegen. Von Paraffinkerzen lassen Sie am besten ganz die Finger, denn sie brennen sehr schnell ab und kokeln schwarz.

An eher sparsamen, klassisch-strengen Bäumen kommen richtige Kerzenformen am besten zur Geltung. Soll Ihr Baum jedoch sehr üppig geschmückt werden, wirken viele kleine Lichtchen am besten. Sie funkeln dann wie ein ganzes Sternenmeer im Grün der Zweige. Bei elektrischen Kerzen sollten Sie lieber normales Kerzenlicht und nicht bunte Lämpchen wählen. Meist ist der übrige Baumschmuck ja schon bunt genug. Wenn nun auch noch die Lämpchen in vielen verschiedenen Farben erstrahlen, kann der Baum schnell kitschig wirken.

Damit auch ja keine Kerze umkippt und für unschöne Wachsflecken auf dem Fußboden sorgt (oder gar Ihren Baum in Brand setzt), können Sie die Kerzenenden mit etwas Alufolie umwickeln, bevor Sie sie in den Kerzenhalter stecken. So bleiben sie fest und gerade stehen. Zünden Sie die Kerzen am Baum immer von oben nach unten an – so laufen Sie nicht Gefahr, sich oder Teile Ihrer Kleidung zu verbrennen, wenn Sie sich über eine brennende Kerze beugen, um eine weiter oben liegende anzuzünden. Außerdem sollten Sie Kerzen nur auf ein Viertel herunterbrennen lassen, denn das ist nicht nur sicherer, sondern hilft Ihnen auch, Wachsflecken auf Christbaumkugeln oder dem Fußboden zu vermeiden. Sollte es trotzdem einmal passieren: Erhitzen Sie das Wachs mit dem Föhn und tupfen Sie den Boden mit einem saugfähigen Tuch oder Löschpapier ab. Manchmal bleiben jedoch trotzdem Flecken zurück.

Erst eins, dann zwei, dann drei, dann vier – der Adventskranz

Eine besondere Rolle spielen Kerzen im Adventskranz. Alle Jahre wieder ist es ein besonders feierlicher Moment, wenn die erste Kerze entzündet wird. Den Adventskranz gibt es noch nicht ganz so lange wie den Weihnachtsbaum. Erfunden hat ihn angeblich der protestantische Geistliche Johann Heinrich Wichern, der in Hamburg das Sozialheim „Raues Haus“ gründete. 1860 soll er dort zur Freude der betreuten Jugendlichen einen Adventskronleuchter aufgehängt haben, an dem sich so viele Kerzen befanden, wie das Jahr Adventstage hat: 24. Jeden Abend wurde eine zusätzliche Kerze angezündet, bis dann schließlich alle 24 Kerzen brannten.

Später wurde aus dem Kronleuchter ein Kranz, und statt 24 Kerzen symbolisierten nun nur noch vier Kerzen die vier Adventssonntage. In katholischen Regionen dauerte es noch etwas länger, bis sich dieser Brauch durchsetzte. Hier sind erst seit etwa 80 Jahren Adventskränze in den Kirchen geduldet. Heute gehören sie ganz selbstverständlich zur vorweihnachtlichen Tradition. Mal hängen sie, wie ihr Hamburger Urtyp, von der Decke, mal liegen Sie auf einem Teller, sind auf einem Holzständer befestigt oder grüßen als Türkränze Besucher und Gäste.

Wie Ihren Weihnachtsbaum können Sie auch Ihren Adventskranz ganz individuell gestalten: traditionell oder verspielt, romantisch oder avantgardistisch – allein Ihr Geschmack gibt den Ausschlag. Achten Sie auch hier wieder auf die Qualität der Kerzen, denn sie sollten nicht so schnell herunterbrennen.

Auch ich fertige gerne Adventskränze an, vornehmlich große Hängekränze, die kunstvoll dekorierte Augenweiden sind. Manche von ihnen bestücke ich mit Brokatbändern, edlem Glasschmuck und glänzenden großen Blüten und gebe ihnen so ein barockes Aussehen. Manchmal lasse ich auch an gut 20 Zentimeter langen Bändern viele zierliche Glasfiguren, wie etwa Nikolause, von den Kränzen baumeln. Ähnlich wie ein Weihnachtsbaum kann der Adventskranz ein bestimmtes Thema haben. Wie wäre es zum Beispiel mit einem Liebeskranz, mit dem Sie Ihrem oder Ihrer Liebsten Ihre Gefühle zeigen?

BONBONS

Die verschiedenen *Bäume*

Für jeden Geschmack gibt es einen passenden Baum: Sind Sie eher ein romantischer Typ? Lieben Ihre Kinder die Märchen der Gebrüder Grimm? Oder wünschen Sie sich einen ganz klassischen Baum mit roten Christbaumkugeln? Wie Sie Ihren persönlichen Geschmack auch in Ihrem Weihnachtsbaum ausdrücken können, verrate ich Ihnen in den folgenden Tipps.

Der Biedermeierbaum

Ein Biedermeierbaum aus den Dreißigerjahren des vorletzten Jahrhunderts ist kunterbunt – sowohl was seine Farben als auch seine Motive anbetrifft. Die Farbpalette beschränkt sich auf die Grundtöne Blau, Rot und Gelb, doch die Motive sind sehr vielfältig. Neben allerlei Essbarem (Nüsse, Trauben, Gemüse, Bananen, Erdbeeren oder Lebkuchenhäuschen) und Tieren (Elefanten, Fische oder Vögel) dürfen natürlich auch die Klassiker nicht fehlen: Kugeln, Sterne und Tannenzapfen. Dazu kommen sakrale Schmuckstücke wie Engel, Nikolause und Krippen, aber auch ganz profane wie Autos, Radios oder Musikinstrumente. Das alles natürlich aus Glas im Miniaturformat. Der bunte Biedermeierbaum hat gegenüber den durchgestylten Modebäumen einen großen Vorteil: Sie können all die Kugeln und all die Figürchen vergangener Weihnachtsfeste wieder verwenden und den Schmuck mit neuen Objekten ergänzen. Für viele Menschen ist der bunte Biedermeierbaum der klassische Weihnachtsbaum, obwohl es diesen eigentlich gar nicht gibt – oder vielleicht doch?

Der klassische Weihnachtsbaum

Nanu, gibt es nun doch einen klassischen Weihnachtsbaum? Jein, denn der klassische Weihnachtsbaum, den ich meine, ist eine sehr persönliche, individuelle Angelegenheit. Der klassische Weihnachtsbaum ist der Baum der Kindheit. Der Baum, der Erinnerungen an die Zeiten weckt, als wir alle noch mit freudiger Erwartung dem Weihnachtsfest entgegenfieberten und vor Aufregung nicht schlafen konnten. Der Baum, den wir am Heiligen Abend von strahlendem Lichterglanz erhellt zum ersten Mal sahen und unter dem Geschenke lagen, die wir uns das ganze Jahr über sehnlichst gewünscht hatten. Der Baum, der Erwachsene wieder zu kleinen Kindern werden lässt, für die das Weihnachtsfest eine ganz besondere Bedeutung hat. Der klassische Weihnachtsbaum ist also immer der Baum, der die Moden der Kindheit widerspiegelt.

Natürlich gibt es auch hier Traditionen. So gelten bei uns heute Gold, Silber und Rot als klassische Weihnachtsfarben. Um 1900 war das noch anders, denn damals war zum Beispiel fast nur Silber erlaubt. Unsere Nachbarn, die Engländer und Amerikaner, lieben dagegen die Verbindung von Rot und Grün. Rote Kugeln und rote Kerzen schmückten den grünen Tannenbaum, und auch wir denken bei der Kombination dieser Farben automatisch an Weihnachten.

Baumbotschaften

Wir alle kennen den Ausdruck „etwas durch die Blume sagen“. Bestimmte Blumen stehen für bestimmte Gefühle oder Wünsche. Das bekannteste Beispiel ist sicherlich die rote Rose, mit der man seine Liebe erklärt. Anstatt ein Gefühl direkt auszusprechen, schickten Menschen eben die passende Blume ins Haus und konnten so zum Beispiel mit einem Vergissmeinnicht sagen: „Vergiss mich nicht!“

Mit der Zeit wurde der Ausdruck „etwas durch die Blume sagen“ dann immer dafür verwendet, wenn jemand etwas (oft auch Unangenehmes) nicht direkt äußerte. Man kann also Blumen für sich sprechen lassen – warum also nicht auch ganze Bäume? Weihnachtsbäume zum Beispiel!

DER LIEBESBAUM

Vielleicht haben sich ja zwei gefunden? Oder wollen sich erst noch finden? Dann schmückt sie die Tanne für ihn. Oder er macht es für sie. Ganz klar, dass das Ganze heimlich ablaufen muss, damit der andere nur ja nichts bemerkt. Zur Bescherung spielt dann der Baum den Liebesboten. Dekoriert ist er in Rot, der Farbe der Liebe. Dazu sagen herzförmiger Glasschmuck und duftige Seidenrosen dem Betrachter: „Ich liebe dich.“ Schwarze Kugeln beschwören das dunkle Geheimnis der Leidenschaft. Vielleicht wollen Sie noch mehr sagen? Dem oder der Liebsten einen Heiratsantrag machen oder ihm oder ihr zumindest die ewige Treue schwören? Dann steckt noch ein zärtliches Briefchen zwischen den Zweigen. Der Liebesbaum ist der Traumbaum für zwei romantische Herzen, die einen besonders gefühlvollen Weihnachtsabend erleben wollen.

DER GLÜCKSBAUM

Glück, Glück und nochmals Glück wünschen sich viele für das neue Jahr, das kurz nach dem Weihnachtsfest anbricht. Und so freuen sie sich, wenn Fortuna bereits vom Weihnachtsbaum auf sie herablächelt. Über und über mit Glückssymbolen ist dieser besondere Baum geschmückt: Fliegenpilze und Lorbeer, kleine Hufeisen und rosa Ferkel, Schornsteinfeger und Glücksklee und dazu noch viele rotwangige Äpfelchen. Wer unter einem solchen Baum Weihnachten feiert, kann doch wirklich nie mehr Pech haben, oder? Übrigens: Im Kleinformat ist so ein Baum ein hübsches Geschenk für all diejenigen, denen Sie Glück wünschen möchten.

DER WUNSCHBAUM

Was wünschen Sie sich für die Zukunft, irgendwann einmal? Ein Haus, ein Baby oder endlich eine Gehaltserhöhung? Dekorieren Sie Ihren Weihnachtsbaum mit all den Dingen in Klein, die Sie später einmal in Groß haben möchten. Ihre persönlichen Wünsche verleihen Ihrem Weihnachtsbaum eine ganz besondere Magie! Übrigens: Im Elsass findet man überall da, wo man sich Kindersegen wünscht, ein ganz besonderes Symbol auf der Christbaumspitze: den Storch, den die Elsässer sehr verehren.

Das Weihnachtsbäumlein

Es war einmal ein Tännelein
mit braunen Kuchenherzlein
und Glitzergold und Äpflein fein
und vielen bunten Kerzlein:
Das war am Weihnachtsfest so grün,
als fing es eben an zu blüh'n.

Doch nach nicht gar zu langer Zeit,
da stand's im Garten unten,
und seine ganze Herrlichkeit
war, ach, dahingeschwunden.
Die grünen Nadeln war'n verdorrt,
die Herzlein und die Kerzlein fort.

Bis eines Tags der Gärtner kam,
den fror zu Haus im Dunkeln,
und es in seinen Ofen nahm –
Hei! Tat's da sprüh'n und funkeln!
Und flammte jubelnd himmelwärts
in hundert Flämmlein an Gottes Herz.

CHRISTIAN MORGENSTERN

Bäume ganz persönlich

Für Kinder oder liebe Freunde oder Verwandte, die ein ganz außergewöhnliches Hobby haben: Gestalten Sie für diese besonderen Menschen einen ganz persönlichen, individuellen Baum. Sie werden erleben, dass nicht nur Kinderaugen strahlen, wenn sie diesen Baum erblicken.

DER KINDERBAUM

Der älteste Typ aller Weihnachtsbäume strahlt ganz allein für die Jüngsten. Aber auch Erwachsene können sich seinem Zauber nur schwer entziehen, denn seine entzückende Naivität weckt bei ihnen Erinnerungen an ihre Kindheit, an Weihnachtsfeste voller Magie und Vorfreude. Der Baum für die Kleinen wird mit putzigen Dingen geschmückt, die in die Kinderwelt passen: Teddybären, Püppchen, Schneemänner, Spielsachen oder kunterbunte Schultüten für kleine ABC-Schützen, dazwischen natürlich immer auch kleine Leckereien für die Schleckermäuler. Wichtig ist hier vor allem die Liebe zum Detail. Nichts an diesem Baum darf schwer sein, damit der Kinderbaum seine Zweige optimistisch nach oben recken kann. Die Kerzen: rot oder vielfarbig. Verzichten Sie bei diesem Baum auf düstere Farben und modische Akzente – für Kinder hat das nichts mit Weihnachten zu tun.

BÄUME MIT EINEM BESONDEREN MOTTO

Sie wollen dem Partner oder der Partnerin, einem engen Freund oder einer lieben Verwandten einen Baum präsentieren, den er oder sie so schnell nicht mehr vergisst? Dann gestalten Sie diesen Baum ganz individuell, zum Beispiel indem Sie das Hobby oder den Beruf des Beschenkten zum Thema des Baumes machen.

Ein Musikliebhaber oder eine Musikliebhaberin bekommt also einen Baum, den Geigen, Trompeten, Harfen oder Posaunen schmücken. Auch die Farben der Kugeln stimmen Sie auf diesen besonderen Christbaumschmuck ab. Ein sanftes, warmes Rot passt zum Beispiel hervorragend zum Braun der Streichinstrumente.

Der Italienfan dagegen freut sich über einen Spaghettibaum, der nicht nur von Spaghettigirlanden geschmückt wird, sondern auch von Glaskugeln in den italienischen Nationalfarben Grün, Weiß und Rot.

Ihr Freund interessiert sich für die neuesten technischen Errungenschaften? Dann können Kameras oder ein Handy seinen Baum verzieren! Und so gibt es den Kaffeebaum für die Liebhaber dieses Getränks, den Golfbaum voller Golfbälle oder den Fußballbaum, der von Fußbällen aus Glas geschmückt ist. Und noch vieles, vieles mehr.

Ihrer Fantasie sind hier keine Grenzen gesetzt, und so werden auch Sie sicherlich die eine oder andere originelle Idee für einen ganz besonderen Baum haben. Jeder hat schließlich ein Hobby, einen Beruf oder eine Leidenschaft – gestalten Sie also einen ganz persönlichen Baum für einen ganz besonderen Menschen. Die Schmuckindustrie ist Ihnen dabei gerne behilflich, denn sie produziert eine Fülle kleiner Objekte, mit denen Sie Ihren Baum ganz individuell schmücken können. Übrigens: So ein persönlicher Baum ist immer auch eine gute Geschenkidee für all diejenigen, die rund um das Weihnachtsfest Geburtstag feiern.

Baumklassiker

Neben diesen ganz individuellen Bäumen gibt es auch einige Bäume, die bereits seit Jahrzehnten und Jahrhunderten immer wieder für leuchtende Augen im Weihnachtszimmer sorgen. Vielleicht wollen ja auch Sie sich dieses Jahr für so einen Klassiker entscheiden?

MÄRCHENBAUM

Die Märchen der Gebrüder Grimm sind nicht nur bei Kindern beliebt. Auch Erwachsene lassen sich gerne von Rotkäppchen, Schneewittchen oder Frau Holle verzaubern. Große und kleine Märchenfreunde werden sich daher über einen Märchenbaum freuen, auf dem sich Märchenfiguren, Waldwesen und Fabeltiere tummeln. Ebenso mit dabei: Schneewittchen und die sieben Zwerge, Rotkäppchen und der böse Wolf, Schneeweißchen und Rosenrot, kleine Geißlein (natürlich sieben an der Zahl), Hänsel und Gretel, Hexen und viele weitere Märchenfiguren. Vor etwa siebzig Jahren waren solche Märchenbäume schon einmal sehr beliebt. Damals wurden die Figuren mit der Laubsäge selbst gefertigt und dann bemalt. Der moderne Märchenbaum erinnert an diese historischen Vorgänger, indem er die Idee der Silhouettenfiguren aufnimmt. Stellen Sie dieses Prachtstück bitte in eine dunkle Ecke, denn ein solcher Baum braucht Ruhe und Muße.

NATUR PUR

Zurück zur Natur – warum nicht auch beim Weihnachtsbaum? Dieser Baum wird mit allem geschmückt, das ursprünglich-natürlich ist und durch nichts verfremdet wird: Nüsse, Holzketten, Äpfel, Trockenblumen, Strohsterne und Zweige. Dies wirkt ungemein reizvoll. Dazu passen Bienenkerzen in Naturfarben. Mischen Sie auf keinen Fall artifizielle Dekorationsobjekte unter den Baumschmuck, also auch keine Glaskugeln. Selbst bemalte Naturobjekte würden den natürlichen Eindruck dieses Baumes stören.

DER LAND-BAUM

Weihnachten auf dem Land: Die Familienmitglieder und Freunde kommen von überall her und freuen sich über die friedliche Ruhe und den gemütlichen Charme der ländlichen Umgebung. Den schönen Land-Baum schmücken Äpfel und Wachsmodel, Nüsse und Plätzchen. Zu diesem Baum passen vor allem Farben, die gut mit Terracottatönen kombiniert werden können, wie etwa ein sattes Rot. Sehr schön dazu: weiße Kerzen. Wollen Sie zusätzlich duftende Pracht in die Weihnachtsstube bringen? Dann bringen Sie schon vor dem Weihnachtsfest Apfelzweige zum Blühen und stecken Sie sie an Heiligabend zwischen die Zweige des Christbaums.

DER SILBERBAUM

Dieser ewige Klassiker stammt aus der Zeit des Jugendstils. Schöner Silberschmuck, vielleicht sogar echte Glaskugeln und Zapfen, findet sich wohl in jeder Weihnachtskiste. Auch ohne das übliche Lametta wirkt so ein Baum herrlich. Wunderbar dazu passen silberne, seidene Plisseebänder. Oder Sie hängen ein paar graue Kugeln zwischen den alten Schmuck, denn das lässt das

Silber herrlich strahlen. Wer es etwas moderner liebt, kann mit Schmuckobjekten mit Silberflimmer und Pailletten den alten Silberschmuck wunderbar ergänzen. Schnüre mit eigenwilligen Spiralformen gab es schon in der Jugendstilzeit, doch im Handel sind sie erst seit Kurzem wieder erhältlich. Auch silberne Perlenschnüre schmückten als Girlanden schon die Christbäume im Jugendstil. Ein Muss für den Silberbaum: weiße Kerzen. Silberne Kerzen dagegen sind zu viel des Guten.

Stilbäume

Besitzen Sie ein Faible für eine bestimmte historische Epoche oder haben Sie gar das Glück, Ihren Baum in einer historischen Umgebung aufstellen zu können? Dann denken Sie darüber nach, ob Sie Ihren Weihnachtsbaum nicht diesem räumlichen Ambiente anpassen wollen oder ob Ihr Baum nicht Ihre Liebe zu dieser Zeit widerspiegeln sollte. Natürlich gibt es den geschmückten Weihnachtsbaum noch nicht so lange, dass man ihn an jede historische Epoche anpassen und ihn originalgetreu wie anno dazumal aufputzen kann. Doch bestimmte Motive aus einer historischen Epoche aufzugreifen, ist immer möglich. Vor allem Museen oder historische Säle schmücken ihre Weihnachtsbäume so. Die Ergebnisse sind wirklich reizvoll. Nachfolgend finden Sie einige besonders schöne und leicht umzusetzende Beispiele für den historischen Schmückspaß.

ANTIKE

In der griechischen und römischen Antike liebte man schöne klassische Formen und figurative Plastiken. Bauwerke und Kunstobjekte sollten hoheitsvoll und sakral wirken. Die Kleidung war sehr einfach und vor allem naturfarben. Nur wer sich Luxus leisten konnte, trug Purpur. Die Stoffe römischer Prunkgewänder wurden dick mit Gold bestickt. Als Muster auf antiken Ornamenten waren vor allem Mäander beliebt. Wer sich also einen „antiken“ Baum in seine Wohnstube stellen möchte, kann diesen mit kleinen goldenen Statuen, Purpurkugeln und Kugeln mit Mäandermuster schmücken. Insgesamt sollte der Baum sehr edel und etwas distanziert wirken. Am besten zur Geltung kommt dieser Weihnachtsbaum, wenn er etwas erhöht steht.

RENAISSANCE

Der geschmückte Weihnachtsbaum ist ein Kind der Renaissance. Warum erweisen Sie dieser ungemein interessanten, lebendigen Epoche also nicht einmal die Ehre und schmücken einen Baum in Erinnerung daran? In der Renaissance hingen nur Backwaren am Baum – dies können Sie natürlich jederzeit nachahmen. Doch können Sie bei Ihrem Baumschmuck ebenso gut Bezug auf den historischen und kulturellen Hintergrund dieser Zeit nehmen: den Übergang vom Mittelalter zur Neuzeit, die Wiedergeburt antiker Formen. In der Mode waren vor allem zwei Farben vorherrschend: Schwarz und Gold, die mit Bunt kombiniert wurden. Wichtig war in der Renaissance auch die symbolische Bedeutung der Farben. Wer seinen Mitmenschen viel mitteilen wollte, der trug mehrere Farben am Körper. Die absolute Lieblingsfarbe des Adels war Rot, und Fürstinnen und Fürsten trugen mit Vorliebe rotgoldene Gewänder. So pflegte Cosimo de' Medici zu sagen: „Zwei Ellen rotes Tuch machen einen Menschen schön." Die Stoffe der Zeit waren Brokate, Gold- und Silberstoffe. Die gehobenen Stände bevorzugten feinsten Samt.

Samtkugeln in Rot und Schwarz mit goldenen Applikationen machen einen Renaissance-Weihnachtsbaum wunderschön. Natürlich sind auch bunte Kugeln denkbar. Als Überzug ist Samt oder ein ähnlich wirkendes Material ideal. Sehr vornehm wirkt Ihr Baum auch, wenn Sie ihn nur in Schwarz und Gold schmücken. Auf einen solchen Baum passen nur Wachskerzen. Nach Möglichkeit sollten sie die Farben des Baumschmucks aufgreifen, zum Beispiel Gold.

BAROCK

„Unregelmäßige Perle" bedeutet das portugiesische Wort „barocco", das dieser Epoche zu ihrem Namen verhalf. Der Begriff war zunächst abwertend gemeint und bezeichnete Kunstformen, die nicht dem herrschenden Geschmack entsprachen. Erst im 19. Jahrhundert bekam „Barock" eine positive Note und bezeichnete von da an diese einflussreiche Strömung in der europäischen Architektur und Kunst. Gerade Linien und rechte Winkel waren nun verpönt, stattdessen war diese Ära im 17. und 18. Jahrhundert die hohe Zeit der Dekoration: Rein äußerlich ging es nicht um die Wahrheit, sondern um den Schein, die üppige Täuschung. Bei den Farben dominierte Schwarz, dazu kombiniert wurden gebrochene Farben wie Blassblau, Lindgrün und Rosa – übrigens zum ersten Mal in der Geschichte der Mode. Man kombinierte immer nur wenige Farben; auch in den feinen Prunksälen dominierte oft nur ein einziger sanfter Ton. Doch von den Farben abgesehen gab es Extravaganzen zuhauf: Die Menschen trugen extrem hohe Allongeperücken, waren gekleidet in Wolken aus Tüll. Die wichtigsten modischen Accessoires waren Spitzen, Schleifen und Bänder. Außerdem kam in den Schlössern zu dieser Zeit auch der Weihnachtsbaum ungemein in Mode. In einigen Prunksälen standen bis zu 15 Bäume und erfreuten die Betrachter mit ihrer Pracht.

So überwältigend wie der erste Eindruck einer barocken Prinzessin sollte auch der Barock-Weihnachtsbaum sein. Wer den Baum genau so herrichten will wie damals der Adel, kann zu Zuckergebäck und weißen Kerzen greifen und kommt so dem Original-Baumschmuck am nächsten. Glaskugeln in den Pastelltönen der damaligen Zeit wirken an den „barocken" Weihnachtsbäumen einfach herrlich. Das Dekor der barocken Prunksäle wurde gerne von Engeln geziert, daher sollten goldige Engelchen, wie zum Beispiel musizierende Cherubime, an Ihrem Baum nicht fehlen. Sehr edel wirken auch barocke Glasanhänger. Sie baumelten ursprünglich von den barocken Kristalllüstern, setzen jedoch auch an einem Christbaum echte Glanzpunkte. Ebenfalls hübsch: kleine goldene Glasmuscheln. Die Kerzen an einem solchen Baum müssen unbedingt aus Wachs und weiß sein. Vor allem aber gilt eine Regel: Der Baum muss sehr üppig geschmückt werden. Hier darf alles hängen, was glitzert und funkelt.

Ich kann mich jederzeit in Weihnachtsstimmung versetzen

und bin an Heiligabend als Erwachsener genauso begeistert, wie ich es als Bub war.

KLASSIZISMUS

Die napoleonische Epoche wird auch Empire genannt, ihr Stil war sehr feierlich. Würde und Reichtum waren die Themen dieser Zeit, daher passen auf einen klassizistischen Baum sehr gut schwere, teure Stoffe, die Sie zu Schleifen binden sollten. Hier ist nichts mehr übrig von den verspielten Formen und der üppigen Dekoration des Barocks. Stattdessen orientierte man sich nun wieder an den klassischen Formen der Antike. Als Christbaumschmuck ideal sind daher Objekte, die sich an antike, vor allem ägyptische Gefäßformen anlehnen. Gerne wurden zu dieser Zeit auch Papierschleifen, in manchen Fällen sicher schon textile Schleifen als Baumschmuck verwendet. Der Schmuck am Baum sollte klar gegliedert werden und nicht all zu üppig ausfallen. Bei den Farben eignen sich am besten Gold, Schwarz und das im Klassizismus sehr beliebte Lindgrün. Statt mit Putten dekorieren Sie Ihren Baum lieber mit klassischen, antiken Skulpturen.

BIEDERMEIER

Der Biedermeierbaum kann nur authentisch geschmückt werden, denn schließlich markiert er den Beginn der bürgerlichen Zeit, in der sich der Weihnachtsbaum allmählich in Deutschland durchsetzte. Wer einen Baum wie damals in seinem Wohnzimmer haben möchte, benötigt zunächst eine halbhohe Tanne. Diese stellen Sie dann auf einen Tisch. Wie Sie Ihren Biedermeierbaum schmücken, haben Sie bereits auf Seite 97 gelesen. Darunter gehört die Krippe in einer Art Minigarten.

Prächtige Ideen

Darf es etwas ganz Außergewöhnliches sein? Möchten Sie einen Weihnachtsbaum, den außer Ihnen niemand hat? Einen Baum, an den man sich noch lange erinnern wird? Dann habe ich hier noch einige besondere Tipps für Sie.

EIN FEENTRAUM

Gestern noch im Silberwald der Feenträume, heute schon in Ihrem Wohnzimmer. Dieses verwunschene, kostbare Wesen weckt Erinnerungen ans Land der Träume. Ein herrlicher, rein silberner Baum für alle, die den Wald lieben und verehren. Gespinste wie gesponnener Tau überziehen die Zweige, silberne Hirsche, Rehe und Silbervögel tummeln sich daran. Silberne Sterne, Silberblüten und silberne Paillettenkugeln verstärken diesen Eindruck noch. Sprühen Sie hier und da ein wenig weißes Schneespray auf die Zweige, als ob sich ein paar Schneeflocken sanft auf den Zweigen niedergelassen hätten. Auch sehr hübsch: das Gefunkel kleiner Kerzenlämpchen, die zwischen die Zweige gesteckt werden. Dieser edel geschmückte Baum sollte frei und vornehm stehen. Er verträgt keine ablenkenden Utensilien in seiner Nähe.

REVUE UND THEATER

In die Welt der Gaukler und Komödianten, des Kabaretts und der Revue entführt dieser Baum der Illusionen. Daran hängen Kugeln mit Harlekinkaros, Püppchen oder goldene Palmwedel wie aus dem Requisitenfundus. Mutige sprühen ihren Revuebaum ganz weiß oder nehmen gleich einen weißen Kunstbaum. Blaue Kerzen oder Kerzengirlanden sehen dazu besonders hübsch aus.

ZIRKUSZAUBER

Ein kunterbunter Baum aus der Welt der Illusionen. Wie in einem Zirkuszelt tummeln sich hier Artisten und Attraktionen: kleine Elefanten, Clowns, eine Zirkuskapelle und eine grazile Seiltänzerin, die über die Zweige schwebt.

HIMMLISCHES GEFUNKEL

Am weihnachtlichen Himmel funkeln die Sterne, und der Sternenbaum in Ihrem Wohnzimmer funkelt mit. An diesem besonderen Baum gibt ein Schmuckelement den Ton an: Ausschließlich Paillettensterne zieren ihn. Ganz nach Ihrem Geschmack nur in Silber oder auch kunterbunt. Wenn alle Sterne gleich groß sind, wirkt der Baum besonders prächtig.

ENGELSHEERSCHAREN

Einst verkündeten die Engel den Hirten auf dem Felde Christi Geburt. Warum sollten also nicht auch ganze Schwärme geflügelter Wesen vom Himmel herabfliegen und sich auf Ihrem Weihnachtsbaum niederlassen? Goldene Putten schmücken diesen Baum, dazwischen auch ihre Instrumente wie Harfen und Posaunen. Außerdem niedlich dazu: alles, was sonst noch am Himmel zu Hause ist, zum Beispiel Mond, Sterne und Vögelchen. Und natürlich sieht Engelshaar an diesem Baum besonders wundervoll aus!

PARADIESVÖGEL

Vögel bauen ihre Nester gerne in Bäumen. Vielleicht hat in Ihrem Weihnachtsbaum ja eine besonders paradiesische Pracht ein Zuhause gefunden? Es sind kleine, zauberhafte Glasvögelchen mit seidigen Schwänzchen. Manche Tierchen sind nur silbern, andere wiederum haben einen Hauch von Rosa und Türkis am Gefieder. Pinkfarbene Seidenschleifchen und rosa Blüten als zusätzliche Deko-Elemente lassen den Baum besonders zauberhaft wirken. Wichtig: Alle Materialien müssen sehr edel sein.

NEPTUNS REICH

In den geheimnisvollen Tiefen des Meeres leben allerlei fantastische Lebewesen: Muscheln, kleine Fischchen, Seepferdchen und Seejungfrauen. Tauchen Sie hinab in Neptuns Reich und schmücken Sie Ihren Baum mit Glaskugeln in den schillernden Farben des Meeres. Wenn Sie möchten, können Sie auch die Welt auf dem Wasser einbeziehen und gläserne kleine Boote und Mini-Matrosen an die Zweige hängen.

Am allerschönsten war,
wenn ich als Ältester vor der versammelten,
andächtig lauschenden Familie die Weihnachtsgeschichte las,
während im Ofen das Holz knisterte.

Geniessen Sie Ihren Apéro
bei uns
in einmaliger Ambiance

Der ganz persönliche

Weihnachtsbaum

Wie schmücken Sie Ihren Weihnachtsbaum? Manche Menschen gehen dabei nach alter Gewohnheit vor und jede Kugel, jeder Strohstern und jeder noch so kleine Baumanhänger hat ihren oder seinen festen Platz. Andere wiederum dekorieren den Baum jedes Jahr neu, sodass nie zwei Jahre hintereinander der gleiche Baum in ihrem Wohnzimmer steht. Wieder andere kaufen jedes Jahr ein paar neue Schmuckstücke dazu, die sich in das Ensemble einfügen. Wie Sie Ihren Baum schmücken, hängt in erster Linie von Ihrem eigenen Geschmack ab. Trotzdem gilt für das Christbaumschmücken das Gleiche wie für jede andere Dekorationskunst: Mit ein paar Profitricks können Sie noch viel mehr aus Ihrem Baum herausholen. Man sieht es einem Baum einfach an, ob sein Schmuck dem Zufall überlassen wurde oder ob Können und Überlegung dahinterstecken. Mit den folgenden Wanner-Regeln wird Ihr Baum garantiert so schön wie kein anderer.

Zelebrieren Sie das Schmücken

Nun ist es also so weit: Sie treten den Gang in den Keller, auf den Dachboden oder in die Abstellkammer an und holen die Kiste mit dem Weihnachtsschmuck hervor. Säuberlich verpackt liegt darin Ihr Christbaumschmuck. Die zerbrechlichen Kugeln sind sorgfältig in ihrer Originalverpackung verstaut. Strohsterne sind mit Papier umhüllt, damit ihnen nichts passiert. Nikolause, Engel, Sterne und ähnliche Anhänger sind ebenfalls behutsam eingepackt und verstaut. Vielleicht entdecken Sie nun auch wieder ein paar Schmuckstücke, an die Sie schon gar nicht mehr gedacht hatten? Das letzte Weihnachtsfest liegt ja schon wieder fast ein Jahr zurück!

Und dann liegen sie vor Ihnen: Kugeln und Kerzen, Strohsterne und Engel, Glückssymbole und Tannenzapfen ... Haben Sie ein bestimmtes System, mit dem Sie Ihren Weihnachtsbaum schmücken? Oder lassen Sie sich jedes Jahr von Neuem auf Ihren Baum ein? Kein Baum ist wie der andere – vielleicht gibt Ihnen ja auch der Weihnachtsbaum selbst vor, wie er geschmückt werden möchte?

Vergessen Sie nicht: Die festliche Stimmung kommt schon beim Schmücken auf. Wenn Sie Ihren Baumschmuck auspacken und die Stücke nach und nach an dem Baum anbringen, erzählt Ihnen das eine oder andere Objekt möglicherweise eine Geschichte. Es erinnert Sie vielleicht daran, wo Sie es gekauft haben, oder an liebe Menschen, mit denen Sie zusammen das Weihnachtsfest gefeiert haben. So können Sie noch einmal an die Weihnachtsfeste der vergangenen Jahre und Jahrzehnte denken, und viele Erinnerungen werden wach. All das entgeht Ihnen, wenn Sie sich den Weihnachtsbaum dekorieren lassen!

Nehmen Sie sich die Muße, um den Baum in aller Ruhe zu dekorieren. Am besten halten Sie sich einen Nachmittag dafür frei. Wenn ich meinen eigenen Weihnachtsbaum schmücke, hole ich meinen Baumschmuck erst einmal hervor und breite ihn aus. Dabei kommen bereits die ersten Erinnerungen in mir hoch. Manche Objekte besitze ich schon mein ganzes Leben, diese erzählen dann Geschichten. Dann beginne ich, den Baum zu dekorieren. Dazu öffne ich gern einen guten Rotwein. Klassische Musik, meistens von Händel, Bach, Purcell, Telemann oder auch mal Liszt, gehört für mich auch dazu. So zelebriere ich den Christbaum, und die wahre Vorfreude stellt sich ein.

Wie lange braucht man, um einen Baum zu schmücken?

So viel Zeit, wie man Freude daran hat. Also von ein paar Minuten bis zu einer ganzen Ewigkeit. Den Baum zu schmücken ist für viele Menschen ein Akt des Zelebrierens. Jetzt fangen die heiligen Stunden an. Die meisten Menschen schmücken den Baum erst am Heiligen Abend. Früher wurden die Kinder damit beschäftigt, bis das Christkind endlich kam. War der Baum geschmückt, wurde gebadet und dann irgendwann, nach viel zu langer Zeit, klingelte das Glöckchen. Die Türen gingen auf, und die Kinder erstaunten vor dem Licht und Glanz. So schön war der Baum geworden ...

Heute stellen viele berufstätige Menschen den Baum schon früher auf. Es ist die Frage, ob sich dadurch nicht ein bestimmter Zauber schmälert. Doch wann immer wir ihn schmücken, wir sollten es mit Einkehr und Bedacht tun. Es geht nicht nur allein um einen geschmückten Baum, sondern das Schmücken an sich ist der Akt, die Hinwendung und das Einstellen auf die stillste Zeit im Jahr.

Beim Schmücken trinken viele Menschen eine Tasse Tee oder vielleicht auch ein Glas Wein. Es wird Musik gehört, am liebsten von Weihnachtsliedern bis zu Händel, Bach oder Vivaldi. Mit diesem Ritual des Schmückens haben wir die Chance, zur Ruhe zu kommen und gleichzeitig Festlichkeit erwartungsfroh zu spüren.

Der passende Standort

Wo steht Ihr Weihnachtsbaum normalerweise? Oft geben Platzgründe den Ausschlag dafür, an welcher Stelle der Baum aufgestellt wird. Wenn Sie bei der Wahl des Standorts ein wenig flexibler sind, dann sollten Sie sich für eine etwas dunklere, geheimnisvolle Ecke entscheiden – beinahe so ähnlich wie ein Andachtswinkel in Bayern. Der Baum braucht kein anderes Licht als Kerzen. Stellen Sie ihn also nie direkt unter eine Lampe, einen Leuchter oder gar unter ein Spotlight. Auch am Fenster oder an der Balkontür ist er nicht gut aufgehoben, außer Sie wollen ihn in erster Linie Ihren Nachbarn präsentieren. Verzichten Sie, wenn die Kerzen brennen, auf zusätzliche Lichtquellen.

Falls Ihr Bäumchen eher klein ist, sollten Sie es etwas erhöht aufstellen, zum Beispiel auf einem Hocker oder einem Tisch. Ein Baum mag es nämlich, wenn man zu ihm aufschaut und ihm so die nötige Ehre erweist.

Falls Sie viel Platz haben, können Sie Ihren Baum auch mitten ins Zimmer stellen. Doch dieser Platz sollte auf keinen Fall zu hell sein. An dieser exponierten Stelle kommen nur Bäume gut zur Geltung, die sehr gleichmäßig gewachsen und rundum perfekt geschmückt sind.

Wenn die Kleinen mithelfen

In manchen Familien ist es üblich, dass die Kinder mithelfen, wenn der Weihnachtsbaum geschmückt wird. In anderen Familien dagegen läuft dieser feierliche Vorgang hinter fest verschlossenen Türen ab: Erst zur Bescherung sollen die Kleinen die festliche Pracht das erste Mal erblicken. In wieder anderen Familien machen es die räumlichen Bedingungen leider unmöglich, die Kinder erst am Heiligen Abend mit dem Baum zu überraschen.

Ganz abgesehen vom Schmücken selbst können sich die Kleinen noch auf andere Weise an den Vorbereitungen auf das große Fest beteiligen. Wie wäre es zum Beispiel mit einem Spaziergang durch die winterlich verschneite Landschaft, ein paar Tage vor dem Fest? Dabei können die Kinder kleine Zweige und Tannenzapfen sammeln. Diese bemalen sie dann später mit Gold – und schon haben Sie ein paar zusätzliche Schmuckstücke für Ihren Baum! Oder Sie überziehen die Zapfen mit Klebstoff und bestreuen sie dann mit Glimmer. Auch das funkelt wunderschön am Weihnachtsbaum. Manchmal ist es das Bescheidene, Einfache, das uns bewegt.

Ihr Baum – ein echtes Unikat aus der Natur

Ihr Baum steht nun vor Ihnen, im Christbaumständer befestigt, sodass er nicht umfallen kann. Wie sieht er aus? Vielleicht ist er an einer Seite dichter als an einer anderen, vielleicht wachsen seine Äste ungleichmäßig oder der Baum ist sogar ein bisschen krumm. Vergessen Sie nicht: Ihr Baum ist so gewachsen, dass er in der Natur optimal überleben kann – und nicht so, dass er absolut perfekt in Ihrem Wohnzimmer zur Geltung kommt. Er musste sich gegen Konkurrenten behaupten, sich nach dem Licht strecken und mit dem Wind biegen. Das alles hinterlässt natürlich seine Spuren am Baum. Ihr Weihnachtsbaum ist immer ein Individuum. Auf der ganzen Welt gibt es keinen anderen Baum, der ihm bis in die Nadelspitzen gleicht. Kleine Unregelmäßigkeiten machen ihn reizvoll und geben ihm seinen eigenen Charakter. Sind Ihnen diese Unregelmäßigkeiten allerdings zu viel des Guten, können Sie mit ein paar einfachen Kniffen nachhelfen.

Lichte Stellen im Baum können Sie zum Beispiel mit zusätzlichen Zweigen kaschieren. Fixieren Sie die Zweige mit Drähten am Stamm. Größere Äste können Sie sogar direkt in den Baum hineinsetzen, indem Sie ein Loch in den Stamm bohren, etwas Holzleim hineingeben und dann den Ast in den Baum stecken.

Grundsätzlich sollten die Zweige eines Weihnachtsbaumes leicht nach oben ragen. Recken sie sich zu steil nach oben, können Sie sie mit Draht in Form bringen oder mit einem schweren Schmuckstück nach unten ziehen. Hängen die Äste jedoch traurig nach unten, so binden Sie sie mit Draht nach oben, damit Ihr Baum fröhlicher wirkt.

MEHR FÜLLE FÜR IHREN BAUM

Wenn zusätzliche Zweige Ihrem Baum auch nicht mehr Fülle verleihen können, müssen Sie schwere Geschütze auffahren: Der Behang füllt in einem solchen Fall die Lücken und macht Ihren Weihnachtsbaum undurchschaubar. Mit den folgenden Kniffen können Sie Ihrem Baum mehr Fülle geben:

- Üppige Schleifen mit drahtverstärkten Bändern füllen unschöne Lücken.
- Efeu, um den Stamm und um Zweige gewickelt, macht den Baum nicht nur fülliger, sondern verleiht ihm auch eine magische Note. Noch besser sieht es aus, wenn Sie den Efeu mit Silber besprühen.
- Blumen am Baum sind echte Hingucker und geben dem Baum mehr Volumen. Schön sehen Trockenblumen (zum Beispiel Rosen und Hortensien) aus, aber auch edle Papier- oder Seidenblumen.
- Stecken Sie dürre Obstbaumzweige zwischen die Äste Ihres Weihnachtsbaums. Besprühen Sie sie weiß oder golden, je nachdem welche Wirkung Sie erzielen wollen.
- Große Kugeln, möglichst nahe an den Stamm gehängt, schaffen eine interessante Tiefenwirkung.
- Besprühen Sie an einigen Stellen die Nadeln mit einem Hauch von Schnee-, Gold- oder Silberspray, sodass die Zweige hier und da zart schillern.
- Für mehr Volumen sorgen Lametta, Girlanden, Engelshaar oder Spiralfäden.
- Falls Sie elektrische Kerzen verwenden: Eine üppigere Beleuchtung lässt den Baum fülliger wirken.

So schmücken Sie Ihren persönlichen Baum

Wie Ihr persönlicher Baum zu einem echten Prachtstück in Ihrer guten Stube wird, sollen Ihnen die folgenden Tipps und Tricks verraten.

DIE BELEUCHTUNGSFRAGE

Denken Sie als Erstes an die Beleuchtung. Verwenden Sie eine elektrische Christbaumbeleuchtung, dann bringen Sie die Lichterkette zuerst an. Wer sich dagegen für echte Kerzen entscheidet, sollte diese erst ganz zum Schluss anbringen – natürlich so, dass keine Äste Feuer fangen können.

VON INNEN NACH AUSSEN

Ich unterscheide zwischen zwei Baumtypen, die jeweils auf ihre eigene Weise dekoriert werden wollen. Da ist zum einen der Puppenbaum, der fast so dicht gewachsen ist wie ein Buchsbaum. Bei ihm reicht es, den Schmuck einfach nur außen am Baum zu befestigen oder ihn sogar auch nur an den Baum zu legen. Zum anderen gibt es aber auch den Kugelbaum, den weitaus häufigeren Typ. Seine Zweige sind weniger dicht. Daher ist der Kugelbaum so durchsichtig, dass er von innen nach außen geschmückt werden muss.

Als Erstes setzen Sie Ihrem Baum die Spitze auf. Statt des traditionellen Sternes können Sie auch zwei oder drei Kugeln zusammenbinden und an der Spitze drapieren. Oder Sie schmücken die Christbaumspitze mit einer wunderschönen Schleife.

Nach der Spitze kommen die Kugeln. Beginnen Sie innen, nahe am Stamm, und gehen Sie dann nach außen vor. Die größeren Kugeln kommen nach unten. Sie dürfen ruhig auch nahe am Stamm hängen, denn so geben sie dem Baum Tiefe und lassen ihn von innen heraus geheimnisvoll strahlen. Die mittleren Kugeln werden in die Mitte gehängt, die kleineren nach oben. So unterstreichen Sie die reizvolle Kegelform der Nadelbäume zusätzlich. Wenn Sie eine einzelne große Kugel nach oben setzen, erzeugen Sie zusätzlich Spannung.

Nach den Kugeln können Sie die restliche Dekoration anbringen. Wofür Sie sich hier entscheiden, ist Geschmackssache. Wichtig ist es, den Baum nicht nur vorne zu dekorieren, sondern auch hinten, denn nur so erhalten Sie einen räumlichen Effekt. Schmücken Sie Ihren Weihnachtsbaum von oben nach unten, von vorne nach hinten und von innen nach außen, denn so schaffen Sie eine Tiefenwirkung. Je leichter Ihre Schmuckobjekte sind, desto weiter außen am Baum ist ihr Platz.

Schmücken Sie Ihren Baum ehrlich und versuchen Sie nicht zu schummeln. Man könnte zum Beispiel in Versuchung geraten, an Stellen, die man nicht sieht, auf Schmuck zu verzichten.

Doch beim Betrachten spürt man diese Lücke und wer weiß: Wenn Sie den Baum aus einer anderen Perspektive betrachten, sehen Sie die leere Stelle vielleicht doch. Hängen Sie also auch da einen Stern hin, wo man ihn auf den ersten Blick nicht sieht. Außerdem wirken gerade Kugeln, die von der Rückseite des Christbaums durchschimmern, besonders geheimnisvoll und verleihen Ihrem Baum eine magische Ausstrahlung.

Soll Ihr Weihnachtsbaum aussehen, als ob gerade Schnee sanft auf ihn herabgerieselt wäre? Dann können Sie ihn an einigen Stellen behutsam besprühen. Weißes Schneespray passt zu allen Bäumen, Gold- und Silberspray jedoch nur zu Gold- oder Silberbäumen oder sehr modern dekorierten Bäumen. Setzen Sie immer nur punktuelle Tupfer, die nie größer als ein kleiner Schneeball sein sollten.

Haben Sie Ihr Werk vollendet, so lassen Sie es in aller Ruhe noch einmal eine halbe Stunde auf sich wirken. Nehmen Sie dann, falls nötig, noch letzte Verbesserungen in Angriff.

DIE RICHTIGE KOMBINATION

Viele Weihnachtsbäume ähneln einem bunten Sammelsurium von Schmuckstücken. Jedes hat seine eigene Geschichte, wurde irgendwann einmal dazugekauft oder war das Geschenk von einem lieben Menschen. Diese Lieblingsobjekte haben immer einen Platz am Baum verdient. Doch bei der Gesamtwirkung ihres Weihnachtsbaumes sollten Sie Farben und Stil nicht aus den Augen verlieren. Kombinieren Sie also nie eine Modefarbe wie Hellblau mit klassischen Farben oder traditionellen Schmuckstücken. Gerade

Morgen, Kinder, wird's was geben

Morgen, Kinder, wird's was geben,
morgen werden wir uns freun!
Welch ein Jubel, welch ein Leben
wird in unserm Hause sein!
Einmal werden wir noch wach,
heißa, dann ist Weihnachtstag!

Wie wird dann die Stube glänzen
von der großen Lichterzahl!
Schöner als bei frohen Tänzen
ein geputzter Kronensaal.
Wisst ihr noch, wie vor'ges Jahr
es am Heil'gen Abend war?

Wisst ihr noch die Spiele, Bücher
und das schöne Hottepferd,
schöne Kleider, wollne Tücher,
Puppenstube, Puppenherd?
Morgen strahlt der Kerzen Schein,
morgen werden wir uns freun!

August Heinrich Hoffmann von Fallersleben

wenn Sie Ihren Baum hauptsächlich mit älteren Objekten dekoriert haben, passt eigentlich nur eine einzige modische Kugelfarbe dazu: Schwarz. Achten Sie darauf, dass Ihr Baum einen einheitlichen Stil aufweist, also zum Beispiel entweder modern durchgestylt oder klassisch-traditionell ist. Denn wenn die einzelnen Schmuckstücke nicht zueinander passen und etwa ein klassischer Strohstern neben modernem Paillettenschmuck in Lila hängt, entsteht schnell der Eindruck eines kunterbunten Sammelsuriums. Eben so, als ob jemand auf die Schnelle alles an den Baum gehängt hätte, das ihm in die Finger gekommen ist …

Viele Menschen schrecken vor großen Christbaumkugeln zurück. Ungefähr so groß wie ein Apfel sollen sie sein, doch dann ist Schluss. Warum eigentlich? Auch Kugeln, die etwa zwölf bis vierzehn Zentimeter Durchmesser haben, wirken prächtig – sogar an kleineren Bäumen. Befestigen Sie diese Kugeln jedoch mit einem stabileren Draht, zum Beispiel Blumendraht.

WANN IST DER BAUM ÜBERSCHMÜCKT?

Auf diese Frage gibt es eine einfache Antwort: Wenn er umfällt. Wenn man einen Baum schmückt, muss man damit so verantwortungsvoll umgehen, wie wenn man eine Frau anzieht. Doch im Gegensatz zu Frauen können sich Bäume nicht wehren. Wer einen Baum schmückt, bringt damit der Natur eine Opfergabe dar. Also muss man dem Baum alle Ehre erweisen und ehrlich an die Sache herangehen. Und man sollte dem Baum nicht zu viel Last aufbürden, damit es ihm nicht zu viel wird.

Eine gute Faustregel, wie viel Schmuck Sie einem Baum zumuten können, ist die folgende: Legen Sie mit einer Schnur ein Dreieck auf den Boden, das in etwa dieselbe Größe wie der Baum hat. Legen Sie dann den Schmuck dort hinein und nehmen Sie die Anzahl der Schmuckstücke mal drei, denn der Baum ist im Gegensatz zur Übungsfläche am Boden dreidimensional. Dann haben Sie die passende Menge Schmuck für Ihren Baum.

Die liebsten Kunden sind mir ohnehin die Kinder.

Wenn sie Christbaumschmuck aussuchen, kombinieren sie immer ganz intuitiv die herrlichsten Farben und Formen.

Frohe

Die Kraft der Farben

An Ihrem Weihnachtsbaum ist eine Farbe schon einmal festgelegt: Grün. Wenn Sie sich für eine Blautanne, Rottanne oder Edeltanne entscheiden, sollten Sie die Schmuckobjekte auf die Farbe des Baumes abstimmen. Auch grüne Kugeln im grünen Baum können sehr edel wirken. Probieren Sie's aus!

EINTEILUNG DER FARBEN

- Sicherlich kennen Sie die Unterscheidung zwischen warmen und kalten Farben. Kombinieren Sie stets Farbtemperaturen, die nahe beieinander liegen, also etwa im warmen Bereich Rot und Rosa oder die kalten Farben Blau und Grün. Auch eine Mischung der neutralen Farbtöne Schwarz, Weiß und Grau wirkt sehr nobel.
- Eine weitere Möglichkeit, unsere Farbpalette einzuteilen, ist die Unterscheidung nach Jahreszeiten. Frühlingsfarben sind Pastelltöne wie Hellblau, Hellgrün oder Rosa.
- Zum Sommer gehören Rot, Goldgelb und Brombeer. Herbstfarben sind ein sattes Gelb, Ocker, Braun und Kupfer; Winterfarben alle Blautöne, Weiß und Silber. Bleiben Sie bei Kombinationen in einer Jahreszeit.
- Schließlich kann man Farben auch in männliche und weibliche Farben einteilen. Zu den männlichen Farben gehören Braun, Schwarz und Gold, weiblich dagegen sind Rosa, Hellblau und Himbeerrot. Zumindest am Weihnachtsbaum sollten die Geschlechter streng getrennt bleiben – beim Fest der Liebe gelten dann natürlich andere Regeln.

TIPPS FÜR DIE FARBWAHL

- Wollen Sie Ihren Baum sehr bunt gestalten? Dann sollte trotzdem die warme Farbe Rot den (Farb-)Ton angeben. Mindestens ein Fünftel des Schmucks sollte rot sein.
- Kombinieren Sie nicht mehr als drei Farben (außer bei einem bunten Baum). Am besten wirkt meistens die Kombination von nur zwei Farben. Dabei sollte ein Farbton immer dominieren.
- Auch ein einziger Farbton wirkt wunderschön, zum Beispiel wenn die einzelnen Objekte sehr unterschiedliche Größen und Formen haben. Ebenfalls wunderbar wirkt die Kombination zwischen matten und glänzenden Glaskugeln in nur einer Farbe.
- Lassen Sie auch die Farben von Wänden, Tapeten oder Teppichen nicht außer Acht und stimmen Sie die Farben Ihres Weihnachtsbaums darauf ab.
- Garantiert immer richtig liegen Sie, wenn Sie sich bei Ihrer Farbwahl auf warme Farben wie Rot, Orange, Beige oder Braun konzentrieren.
- Fast jedes Jahr kreiere ich neue modische Farbsinfonien für Weihnachtsbäume. Sie greifen aktuelle Trends, Ereignisse und Stimmungen auf. Fast alle dieser „Modefarben" können Sie mit traditionellen Schmuckstücken kombinieren und auch mit schwarzen Kugeln. Nur die Kombination von traditionellen und sehr avantgardistischen Farben kann problematisch werden.

MEINE PERSÖNLICHE HITLISTE

Im Laufe der Jahre habe ich meine ganz persönliche Hitliste der Farbklänge zusammengestellt:

1. Rot mit Rosa gemischt, denn so entsteht ein feuriger Eindruck
2. Rot und Grün gemischt (zwei Drittel Rot, ein Drittel Grün)
3. Silber
4. Blautöne gemischt
5. Rosatöne gemischt
6. Grüntöne gemischt
7. Schwarz in Kombination mit unterschiedlichen Farben. Ich kann es gar nicht oft genug sagen: Keine Angst vor Schwarz am Weihnachtsbaum. Eine schwarze Kugel am Baum wirkt nicht traurig, sondern mystisch und geheimnisvoll. Um diese Wirkung zu entfalten, braucht sie jedoch immer auch andere Farbtöne in ihrer Umgebung.

Andere Länder, andere Bäume?

Weihnachten in anderen Ländern

Der Weihnachtsbaum hat zwar in Deutschland seinen Ursprung, doch schon bald trat er von dort aus seinen Siegeszug in alle Welt an. Auf beiden Seiten des Atlantiks, im hohen Norden Kanadas ebenso wie unter dem Kreuz des Südens in Australien: Überall ziert an Weihnachten ein festlich geschmückter Baum die guten Stuben und öffentlichen Plätze. Selbst in Ländern, die nicht christlich geprägt sind, hat man die Symbolkraft des geschmückten Tannenbaums erkannt, und so zieren Weihnachtsbäume heute Hotels in Thailand ebenso wie Büros in Tokio.

In den USA, dem Land der unbegrenzten Möglichkeiten, ist bekanntlich alles ein kleines bisschen größer als anderswo. Das ist auch bei den Weihnachtsbäumen nicht anders, und so stand der größte als Weihnachtsbaum geschmückte Nadelbaum in Amerika. 1950 wurde in Seattle eine Douglasie von 67,4 Metern Höhe weihnachtlich dekoriert und aufgestellt. Erheblich berühmter ist jedoch die Riesentanne, die alljährlich die Eislaufbahn am Rockefeller Center in New York schmückt. Alljährlich wird sie von Tausenden New Yorkern und Touristen bewundert. Dass die Amerikaner ein so inniges Verhältnis zum Weihnachtsbaum haben, ist den deutschen Vorfahren vieler Amerikaner zu verdanken. Vor über 150 Jahren gelangte Christbaumschmuck zum ersten Mal über den großen Teich – im Gepäck deutscher Einwanderer. Sorgfältig waren die bunten Glaskugeln in Holzkisten verpackt und überstanden nicht nur die Schiffsreise über den Atlantik in beengten Quartieren und mit oft stürmischem Seegang, sondern auch die anschließenden Trecks in rumpelnden Planwagen quer über den Kontinent. Glücklich konnte sich schätzen, wer am Ende dieser langen Reise die buntzarte Pracht unbeschadet auspacken konnte! Nur wenige Dinge konnten die Einwanderer damals mit in die neue Welt nehmen. Dass sie auch Christbaumschmuck dabei hatten, zeigt, wie wichtig dieser für sie war. Und noch heute hüten die Nachfahren dieser tapfe-

ren Pioniere die alten Christbaumkugeln als ihren Familienschatz. So gelangte ein Stück deutscher Kultur nach Kalifornien und Washington, nach Texas und North Dakota, und schon bald wurden überall auf dem Kontinent Weihnachtsbäume geschmückt.

Der Erste, der auf amerikanischem Boden einen Christbaum schmückte, war angeblich ein gewisser August Imgard aus Wetzlar im Jahr 1848. Er hatte seinen Christbaumschmuck aus der Heimat mitgebracht, doch schon etwas mehr als dreißig Jahre später konnten die kostbaren Kunstwerke auch in Amerika käuflich erworben werden. Franklin Winfield Woolworth (1852–1919) hieß der berühmte amerikanische Kaufmann, der 1880 zum ersten Mal den gläsernen Christbaumschmuck aus Deutschland importierte und in seinem Laden in Pennsylvania verkaufte. Nur zwanzig Jahre später setzte Woolworth bereits 200 000 Christbaumkugeln ab – die Amerikaner waren den gläsernen Schönheiten mit Haut und Haar verfallen. Bis sie diese Industrie selbst in die Hände nahmen und ihre eigenen Christbaumkugeln herstellten, dauerte es jedoch ein wenig: Erst ab 1938 konnte man in den USA Baumschmuck aus nationaler Produktion kaufen aufgrund der politischen Entwicklung in Deutschland und des entsprechenden Embargos.

Dafür waren uns die Amerikaner in anderer Hinsicht voraus: Sie erfanden die elektrische Christbaumbeleuchtung. 1882, nur drei Jahre, nachdem Edison die Glühbirne erfunden hatte, wurde der erste elektrisch beleuchtete Weihnachtsbaum der Öffentlichkeit präsentiert. So konnten nun auch Weihnachtsbäume im Freien in ihrer ganzen Pracht erstrahlen. In Deutschland kamen die elektrischen Kerzen erst kurz nach der Jahrhundertwende in den Handel. Und noch heute laufen uns die Amerikaner den Rang ab, was die Weihnachtsbeleuchtung betrifft: Nirgendwo sonst werden Häuser, Parks und Straßen opulenter beleuchtet als in den Vereinigten Staaten. Die große Beliebtheit bunter Lichtspiele oder Figuren-Glühbirnchen konnte sich auf unserer Seite des Atlantiks bis jetzt allerdings noch nicht durchsetzen.

Doch noch bevor der Weihnachtsbaum seinen Siegeszug über den Atlantik antrat, eroberte er Europa. In Großbritannien war es die 13-jährige Prinzessin Viktoria, die 1832 den ersten Weihnachtsbaum betrachtete – stilecht, wie es sich für eine spätere Königin gehört, im eigenen Zuhause. In ihrem Tagebuch beschrieb sie zwei auf runden Tischen stehende geschmückte grüne Bäumchen. Doch bis sich die deutsche Sitte auch beim britischen Volk durchsetzte, sollten noch einige Jahre vergehen: 1848 widmete eine Londoner Zeitung gleich eine ganze Seite dem königlichen Christbaum mit Zuckerwerk und Kerzen. In den folgenden Jahren übernahmen die Briten dann sehr zögerlich diese königliche Sitte. Etwas früher waren die Franzosen dran: Hier wurde schon 1840 ein Christbaum in den Pariser Tuilerien aufgestellt.

Festlich geschmückte Weihnachtsbäume zieren den Nürnberger Christkindlmarkt, den ältesten und romantischsten Weihnachtsmarkt der Welt, ebenso wie den Roten Platz in Moskau oder den Petersplatz in Rom. In Paris verwandeln sich die Champs-Élysées mithilfe zigtausender kleiner Lichter in eine atemberaubende Prunkstraße, und der hell erleuchtete Eiffelturm thront wie ein gigantischer Weihnachtsbaum über der Stadt.

Südlich des Äquators wird Weihnachten in der flirrenden Hitze gefeiert. In Südamerika dekorieren die Menschen in der Adventszeit Bäume in Straßen und Parks mit Folienbändern und Sternen. Das Fest selbst feiern sie fröhlich und ausgelassen unter Girlanden und Luftballons. In Mexiko und einigen Nachbarländern hat die Krippenkultur den Christbaumschmuck beeinflusst. Deshalb wird der Baum gerne mit Püppchen aus der Krippenszenerie geschmückt. In Australien orientieren sich die Weihnachtsbräuche sehr an denen in Großbritannien. Doch auch hier zieht es die Einwohner nach der Bescherung unter dem traditionell geschmückten Baum nach draußen ins Freie: Ein Picknick im Grünen oder am Strand gehört auf dem fünften Kontinent beinahe genauso fest zu Weihnachten wie Geschenke oder gläserne Christbaumkugeln.

Den Medien – allen voran dem Fernsehen – ist es zu verdanken, dass der Weihnachtsbaum heute in aller Welt bekannt ist. Und so schmücken jetzt auch asiatische Länder, in denen Weihnachten ja keineswegs zur religiösen Tradition gehört, ihre Weihnachtsbäume. Der teuerste Weihnachtsbaum aller Zeiten stammt aus einem asiatischen Land: In Japan wurde ein kleines Bonsai-Bäumchen über und über mit Diamanten besteckt. Sein Wert: rund 2,5 Millionen Euro.

Auch meine Glaskugeln werden überall auf der Welt verkauft. Man findet sie in Traditionskaufhäusern wie Liberty und Fortnum & Mason (London), Bergdorf & Goodman (New York), Galeries Lafayette (Paris) oder Sazaby (Tokio). In Australien, Kanada, den Vereinigten Arabischen Emiraten sowie Russland oder Afrika wird auch jedes Jahr mehr Christbaumschmuck verkauft. Dabei haben die Länder ihre ganz eigenen Vorlieben entwickelt. In Frankreich ist Gold besonders beliebt. Häufig finden die Nationalfarben Einlass in den Baumschmuck. So bevorzugen die Briten die Farbkombination von Blau und Rot, wie sie der Union Jack – übrigens auch auf Wanner-Kugeln – zeigt. Die Amerikaner sehen gerne die Sterne und Streifen der amerikanischen Flagge am Baum – auch dieses Design gibt es auf Wanner-Kugeln. Außerdem mögen sie die traditionellen Farben Rot und Grün, und die Freiheitsstatue oder Mickey Mouse findet man ebenso an amerikanischen Christbäumen. In Deutschland spielen die Farben Rot und Gold eine wichtige Rolle beim Baumschmuck. Nur die dritte Nationalfarbe, Schwarz, konnte sich noch nicht etablieren. Rot-Gold- und Silber-Gold-Mischungen sind in der Schweiz beliebt, wo die Dekoration gerne festlich-üppig ausfallen darf. In Österreich wird der Baum dagegen gerne im alpenländischen Stil, etwa mit Modeln und Strohsternen, geschmückt.

Und so haben die Menschen in jedem Land ihre eigenen Vorlieben und Wünsche, wie für sie der perfekte Weihnachtsbaum aussehen soll. Doch eines haben sie alle gemeinsam: Sie freuen sich über einen prächtig geschmückten Weihnachtsbaum, der für viele untrennbar mit dem Weihnachtsfest verbunden ist und Weihnachtszauber in Zimmer und Stuben in aller Welt bringt.

QUELLENNACHWEIS

Wenn nicht anders angegeben, stammen die Fotografien in diesem Buch von Bertram Walter und entstanden in Johann Wanners Weihnachtshaus und den Weihnachtsstuben in Basel.

Die Motive Seite 40f., 84-87 und 127 zeigen eine Wannersche Weihnachtsdekoration im Basler Grandhotel Les Trois Rois.

Weitere Bildnachweise:
Seite 10 u., 16 u., 19 © Johann Wanner.

Den Illustrationen lagen nostalgische Postkartenmotive aus dem 19. Jahrhundert zugrunde.

Folgende Kapitel wurden unter Mitarbeit von Christine Weiner verfasst, der an dieser Stelle herzlich gedankt sei:
Eine Zeitreise: Die Geschichte des Weihnachtsbaums S. 23-34, Die Sprache der Kugeln am Baum S. 73-81 (einschließlich Sterne),
Wie lange braucht man, um einen Baum zu schmücken? S. 112.

Weitere Informationen zu Johann Wanner finden Sie unter www.johannwanner.ch

www.herder.de
Fotografie im Innenteil: *Bertram Walter*, nach Motiven aus Johann Wanners Weihnachtshaus, Basel
Gesamtgestaltung und Satz: *Nina Chen*
Herstellung: Himmer AG, Augsburg
Gedruckt auf umweltfreundlichem, chlorfrei gebleichtem Papier
Printed in Germany
ISBN 978-3-451- 30365-4